Gärten und Räume
Bernd Lieven

KERBER ART

Inhalt/Contents

Vorwort

„Diese ganze Landschaft ist nirgendwo",
Fernando Pessoa, Das Buch der Unruhe

Das Rheinische LandesMuseum Bonn erkundet seit den 70er Jahren in zahlreichen Ausstellungen die vielfältigen Möglichkeiten der modernen künstlerischen Fotografie, so zuletzt mit Präsentation der Werke von Martin Rosswog, Carl Andreas Abel, Angela Neuke, Ralf Brück und Yun Lee.

Auch die Ausstellung des in Düsseldorf lebenden Künstlers Bernd Lieven scheint auf den ersten Blick an diese Tradition anzuknüpfen. Bernd Lieven bedient sich erkennbar der – scheinbaren – Möglichkeit der Fotografie, ein zuverlässiges Abbild der Wirklichkeit zu produzieren. Widmeten sich seine früheren Werke meist dem Thema Industrielandschaft, so öffnen seine Bilder nun den Blick in Garten-Räume. Die Gärten meinen wir in ihrer Verlassenheit und bisweilen auch Verwahrlosung wiederzuerkennen. Bernd Lievens Bilder zeigen städtische Gärten, oftmals mit Anspruch und Gestaltungswillen angelegt, später durch intensive Nutzung und wenig Pflege dem langsamen Verfall preisgegeben. Seine Motive sind also nicht die spektakulären Beispiele der großen Gartenbaukunst, wir sehen keine Traum- und Paradiesgärten mit Palmen und Springbrunnen, sondern Alltagsgärten mit städtischer Möblierung, mit Bauruinen und den unvermeidlichen Mülltonnen.
Und dennoch: von Bernd Lievens Gärten und Räumen geht ein ganz eigener Reiz aus. Unser Blick bleibt auf ihnen suchend ruhen, wir werden von einer ganz eigentümlichen Ambivalenz angerührt und angezogen, vielleicht, weil wir gar nicht anders können, als uns in jeder Gartenlandschaft auf die Suche nach Schönheit zu begeben.

Diese eindringliche Atmosphäre erzielt Bernd Lieven mit einer wirkungs-
vollen und ökonomisch eingesetzten künstlerischen Technik. Die auf
Leinwand entwickelten Fotografien der Gärten werden malerisch in einem
Prozess des Eingreifens und Vereinnahmens bearbeitet und so in ganz
subjektive „Künstlergärten" verwandelt. Wir haben insofern keine Fotografien vor uns, sondern Gemälde. Farbigkeit und viele Details sind durch die
malerische Überarbeitung nicht mehr Abbild des real existierenden Gartens,
sondern geben das innere, subjektive und emotionale Bild des Künstlers von
einer bestimmten Situation wieder. Der Eingriff ist bei aller Wirkmächtigkeit
dezent und sparsam, ohne Effekthascherei: die Farbigkeit wird leicht zurückgenommen, ganz unmerklich verfremdet, manche Details werden übermalt
oder hinter einem malerischen Gazeschleier zurückgenommen. Bernd Lieven
geht es bei seinem Eingreifen nicht um ein vordergründiges Idealisieren des
vorgefundenen Motivs, hier entsteht eben keine Kalenderblatt-Gartenseligkeit –
so bleiben Graffiti oder Mülltonnen erhalten, die doch einer idealen Garten-
ansicht im Wege stünden. Gerade durch dieses vorsichtige und feinfühlige
Anverwandeln der Gartenlandschaften wird auf eindrucksvolle Weise Platz
geschaffen für den Betrachter, für dessen Idealvorstellung von Gärten und
von gestalteter Natur. Die „banalen" Gärten werden zu Traumlandschaften
erhoben, in denen wir lange verweilen können.

Diese ganz eigentümliche Anziehungskraft der Gemälde wird durch die
Arbeit in Serien noch gesteigert. Geht vom einzelnen Bild schon eine ganz
eigenartige Sogwirkung in die Tiefe des Bildraumes hinein aus, so glaubt sich
der Betrachter etwa bei der Serie *Labyrinth I–III* tatsächlich in einen Irrgarten
versetzt. Ähnlich wie im Garten selbst können wir uns so auch im künstlerisch
anverwandelten Bildraum umdrehen und ihm aus der Bewegung heraus neue
Perspektiven abgewinnen, wir geraten so unvermittelt in einen künstlerischen
„Garten-Raum", der nirgendwo verortet ist, aber zur Seelenlandschaft taugt.

Lothar Altringer

Foreword

"All of this landscape is nowhere",
Fernando Pessoa, The Book of Disquiet

Since the 1970s, the Rheinische LandesMuseum Bonn has been investigating the manifold possibilities of modern artistic photography with numerous exhibitions, amongst which figured more recently the presentations of works by Martin Rosswog, Carl Andreas Abel, Angela Neuke, Ralf Brück and Yun Lee.

At first glance, the exhibition of the Düsseldorf-based artist Bernd Lieven seems to follow in this tradition. Bernd Lieven evidently uses the – apparent – possibility of photography to produce a reliable likeness of reality. Whereas his early works were dedicated predominantly to the topic of industrial land-scapes, his latest works open a perspective on garden spaces. We feel that we are able to recognize these gardens and parks, deserted and sometimes even dilapidated though they may be. Bernd Lieven's pictures feature public gardens which quite often have been laid out with certain pretences and design ideas, only then to be abandoned to slow decline through overt use and lack of care. In other words, he does not depict the spectacular landmarks of garden design; there are no dreamlike paradise gardens with palm trees and fountains but everyday parks with ruined structures and those inevitable trash cans. And yet, Bernd Lieven's gardens and spaces exude a unique charm. The onlooker remains attracted, our eyes searching for something, touched and drawn by an idiosyncratic ambivalence. Maybe we cannot help it, we simply must depart on the quest of beauty, in every single one of those garden landscapes.

Bernd Lieven realizes this haunting atmosphere with an artistic technique that is both effective and economically employed. The photographs of gardens are developed on canvas and then finished in an artistic process of intervention and appropriation. The results are entirely subjective "artist's gardens". As such, we are not facing photographs here, but paintings. The colorfulness and various details have been altered in the process of painting and are thus no longer the image of a garden existing in reality; rather, they convey the inner, subjective, emotional image the artist felt in a specific situation. Powerful as the result may be, the actual interference is subtle and discreet – no razzle-dazzle here. The colorfulness is reduced slightly, giving an imperceptible effect of estrangement. Certain details are covered in paint or hidden behind a veil of glaze. Bernd Lieven's object in interfering is not the superficial idealization of the given motif – this is not about calendar-style garden bliss – and so graffiti and trash cans remain, things that would spoil an ideal garden panorama. But it is exactly this careful and delicate appropriation of garden landscapes that makes room for the onlooker in an impressive way, for his or her ideal visions of gardens and designed nature. The "banal" gardens are heightened to dream landscapes in which we may roam at leisure.

The idiosyncratic attraction of these paintings is further enhanced by the fact that the works are developed in series. Even though each individual picture already exudes a singular effect pulling one into the depth of the pictorial space, a series such as *Labyrinth I – III* makes the onlooker believe that he has actually been transported into a maze. Just like in a real garden, we can turn around in this artistically appropriated pictorial space, gaining ever new perspectives by moving around, suddenly finding ourselves in an artistic "Garden Space" which is not located anywhere specific but will suit very well as a landscape of the soul.

Lothar Altringer

Naturzeit

„Ein Bild ist mehr als ein Bild, und manchmal mehr als die Sache selbst, deren Bild es ist."
Paul Valéry

Beim flüchtigen Durchblättern des Kataloges kann man die Abbildungen leicht als fotografische Aufnahmen identifizieren. Womöglich hat dabei die zurückhaltende Farbigkeit der Bilder ein wenig irritiert, und wenn man kurz auf die Legenden der Bilder schaut, stutzt man über die tatsächlichen Maße von 90 x 105 cm oder 80 x 160 cm.

Aber wohl nicht lang, denn große Formate sind in der Fotografie längst üblich, zunächst in der Werbung, und seit geraumer Zeit auch in der Kunst. Dennoch trügt der flüchtige erste Eindruck, wenn man ihn an den Originalen misst.

Sicher, etwas Fotografisches haftet den Bildern unübersehbar an, der fotografische Kern ist evident. Doch man zögert, sie als fotografische Aufnahmen anzusprechen. Und dies wohl nicht nur, weil sie auf Keilrahmen aufgezogen wurden, sich ihre Motive auf einer Leinwand entfalten statt wie bei Fotografien auf Fotopapier. Andererseits ist der erste Eindruck wiederum gar nicht so falsch. Denn in der Tat handelt es sich bei den Abbildungen im Katalog mutmaßlich um fotografische Reproduktionen von Bildern auf fotografischer Basis, um Reproduktionen der Originale nämlich.

Der Unterschied scheint gering, zumal die Qualität der Abbildungen im Katalog den Vorbildern in Ausdruck und Farbigkeit ziemlich nahekommt. Allenfalls die Größenverhältnisse weichen dramatisch voneinander ab. Gleichwohl ist der Unterschied einschneidend.

Entscheidend ist hier vielmehr die Frage der richtigen Wahrnehmung. Ein Bild ist keineswegs nur ein Bild. „Ein Bild", notierte Paul Valery einmal, „ist mehr als ein Bild, und manchmal mehr als die Sache selbst, deren Bild es ist."

Bernd Lieven bewegt sich im Grenzbereich zweier differenter Bildmedien, Malerei und Fotografie, und überblendet beide in seinen Bildern, um einen für seine Intentionen bezeichnenden Ausdruck aus einem dritten Medium, dem Film zu verwenden. Ich wähle ausdrücklich diesen filmischen Ausdruck, weil ich einer ebenfalls begründbaren Meinung widersprechen möchte, dass in seinen Bildern eine Art Verschmelzung stattfindet. Doch es sind keine Fotobilder. Wenn man so will, weniger fotografisch als die berühmten Gemälde amerikanischer und europäischer Fotorealisten nach fotografischen Vorbildern, obwohl Bernd Lieven deutlich sichtbar fotografische Vorlagen nutzt.

Als erstes fotografiert der Künstler mit einer Kleinbildkamera bestimmte Motive in Schwarz-Weiß. Die Motive illustrieren kein Zufallsprinzip, sondern werden gezielt ausgewählt. Sie bezeugen gleichzeitig einen vertrauten Umgang mit den Dingen, die der Künstler fotografiert. Aus den fotografischen Bildern sondert Lieven einige aus, um mit ihnen weiterzuarbeiten. Dazu projiziert er sie auf eine mit Fotoemulsion beschichtete Leinwand und beginnt nach der Entwicklung sie mit Ölfarbe auszumalen.

Der Akt des Malens leitet gleichsam die zweite Etappe der schöpferischen Arbeit ein, und diese Phase ist schließlich die ausschlaggebende. Denn in Wirklichkeit malt der Künstler das fotografische Bild gar nicht aus, wie es beispielsweise in der Frühzeit der Fotografiegeschichte praktiziert wurde, um sog. kolorierte Bilder den schwarz-weißen fotografischen Aufnahmen farblichen Glanz zu verleihen, sie gewissermaßen zu illuminieren. Lieven verändert hingegen die fotografische Vorlage, teilweise tief greifend. Er akzentuiert, intensiviert und dramatisiert die Elemente der fotografischen Projektion, die für seine künstlerischen Vorstellungen die wesentliche Rolle spielen, und nimmt mitunter ganze Bildpartien weg, indem er sie einfach übermalt, und verändert auf diese Weise den gesamten Bildcharakter. Das heißt: er nimmt sie nicht weg, sonder er entzieht sie lediglich der Anschaulichkeit. Sie verbleiben unsichtbar auf der Leinwand. So legt sich über das Bild der Fotografie, die dank ihrer spezifischen Technik ein auserkorenes Segment der sichtbaren Welt vor dem Objektiv des Apparates zu einem Bild umgeformt hat, nach und nach das Bild der Malerei, die anderen Gesetzen gehorcht als die Fotografie und dem Künstler auch andere Entscheidungen abverlangt.

Doch die Malerei obsiegt nicht auf der ganzen Linie, sondern die Sprache – das Idiom – der Fotografie bleibt erhalten, so dass sich aufschlussreiche Korrespondenzen ergeben, eben wie bei einer Überblendung im Film, wo die verblassende Szene und die beginnende neue in einem Zeitbild übereinander kopiert erscheinen. Eine Einheit, die in den Bildern von Bernd Lieven entsteht, ist eine deutlich sichtbar zweigeteilte Einheit, in der nicht allein verschiedene Anmutungen auftreten, ohne zu polarisieren, sondern auch verschiedene Zeitebenen. Während ein fotografisches Abbild unabdingbar ein bereits vergangenes Motiv vergegenwärtigt, in der Anwesenheitsform des unwiderrufbaren „Es ist so gewesen" (Barthes), verkörpert – buchstäblich – die Malerei eine über die Zeiten reichende Objekthaftigkeit, sozusagen Objektivität im wortwörtlichen Sinne: als Objekt, dessen zeitliche Dimension nur mit den Instrumenten der Stilkritik oder komplizierter chemischer Analyseverfahren zu entschlüsseln ist.

Betrachtet man Fotografie und Malerei unter der Sonde der Lehre von den Zeichen, unterscheiden sich beide Medien dementsprechend merklich: das eine gilt als der Abdruck einer Gegebenheit, wie der Abdruck eines Schuhes im Schnee einen Menschen verbürgt, das andere gilt als ein Symbol ohne direkte Referenz in der Gegenstandswelt oder als Gegenstand an und für sich selbst.

Lieven überlagert das Zeichensystem der Fotografie mit dem der Malerei – zweifellos ein Vorgang der Überblendung –, um unsere Wahrnehmung auf die Motive seiner Bilder zu fokussieren. Das Fokussieren ist ein Prozess, in dessen Zugriff sich die Motive seiner Bilder verändern. Einerseits werden aus zumindest vormals funktionellen Gegenständen ästhetische Objekte, andererseits erscheinen sie trotz ihrer frappierenden Gegenwärtigkeit wie in weite Ferne gerückt.

Und je länger man sie betrachtet, desto mehr wirken sie wie Archetypen der Erinnerung, ihnen wächst allmählich die Aura der Nostalgie zu – ein Begriff, den ich mit aller Vorsicht gebrauche. So mutet eine Industrieruine wie eine Pyramide an. Lieven unterstützt diesen Prozess nicht nur – darauf verweisen manchmal die Bildtitel – er setzt ihn bewusst in Gang, er löst ihn aus. Darin besteht sein künstlerisches Prinzip. Deshalb sind seine Arbeiten auch keine Darstellungsbilder, also Bilder, die etwas Vorzufindendes re-präsentieren, dar-stellen, sondern Vorstellungsbilder, also Bilder, die ihre Realität nur in der Vorstellung ihrer Betrachter, also unser aller Vorstellungen besitzen – oder auch nicht!

Betrachtet man die Motive des Künstlers genauer: verlassene Industrieanlagen oder öffentliche Gärten mit und ohne Architektur. Was haben sie gemeinsam? Äußerlich nicht eben viel, in Wahrheit aber mit Sicherheit

Zukunft: die Natur triumphiert, „Naturzeit". Sie vergegenwärtigen Vergänglichkeit. Ein paradoxes Phänomen, das allein die Welt der Bilder kennt und auf den Punkt zugeschnitten ist.

Die produktive Korrespondenz von Malerei und Fotografie. In der Konsequenz dieser Korrespondenz erkennen wir, dass im Zentrum der Gemälde von Bernd Lieven auf fotografischem Fundament das immerwährende Problem unserer Wahrnehmung steht. Und Wahrnehmung ist nicht das, was wir vermeintlich mit unseren Augen erblicken. Vielmehr steckt in unserer Wahrnehmung stets ein Schuss Projektion.

Denn erst die komplizierten Schaltvorgänge in unserem Gehirn „konstruieren" aus den von der Netzhaut über die Vermittlung des Lichts empfangenen Daten der Außenwelt das Bild, das wir sehen. Und häufig gibt es Differenzen zwischen Seh- und Erscheinungsbild. Diese Differenzen sicht- und erkennbar zu machen, ist Aufgabe der zeitgenössischen Kunst.

Klaus Honnef

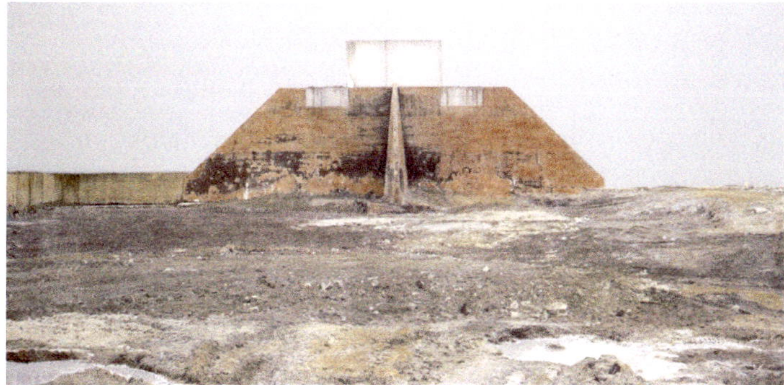

Pyramide II / Pyramid II, 95 x 195 cm, 2001

Nature Time

"A painting is more than a painting, and some-
times even more than the object it portrays."
Paul Valéry

When quickly flicking through this catalogue, the depictions can easily be identified as photographs. Maybe the dull colors of the pictures provide a slight irritation and when you take a quick glance at the key to the images, you stumble across the actual measurements: 90 x 105 cm, or 80 x 160 cm.

But this slight irritation won't last long, because large-format photography has long since become common in advertising and increasingly so in the art world. And yet, the first impressions are all wrong, when pitted against the original.

Surely, there is no denying that these pictures have a certain photographic core; it is evident. But one would hesitate to call them photographs, not only because they have been backed with a stretcher frame, unfolding their motifs on canvas instead of on photo paper, as is usual with photographic works. On the other hand, the first impressions aren't really all that wrong. Because the illustrations in the catalogue are in fact – presumably – photographic reproductions of pictures made on a photo basis, that is, reproductions of the original pictures.

The difference seems only marginal, especially since the quality of the reproductions in the catalogue comes quite close to the expression and colorfulness of the originals. The only thing that differs dramatically is their size. And yet, this difference is vital.
What's crucial here is the aspect of the right perception. A picture is anything

but simply a picture. "A painting," Paul Valéry once noted, "is more than a painting, and sometimes even more than the object it portrays."

Bernd Lieven moves along the interface of two differing pictorial media: painting and photography. He blends both in his works to obtain a goal which I would like to express with a term taken from a third medium, i.e., film. I am applying this cinematographic term because I intend to contradict an opinion yet to be justified, which states that some kind of amalgamation takes place in his works.
But these here are not photo pictures. If you will, they are less photographic than the famous paintings by American and European photo realists, executed following photographic patterns – although it clearly shows that Bernd Lieven does use photographic models.

Initially, the artist photographs certain motifs in black-and-white with a 35 mm camera. The motifs are carefully chosen, nothing is left to chance. They also document an intimate footing relationship with the objects he photographs. Lieven then selects a number of photos which he will continue to work with. He projects them onto a canvas treated with photo emulsion and then begins to paint them over with oil colors.

The act of painting initiates the second phase of Lieven's creative process, and it is also the decisive one. Because the artist isn't really painting the photographed picture, as was done for example in the early days of photography, when black-and-white photographs were colored in order to lend more luminosity, to illuminate in a way, the pictures. Lieven, in contrast, alters the photographic model, in parts gravely so. He accentuates, intensifies and dramatizes those elements of the photographic projection which play the most important part in his artistic imagination, and sometimes leaves out entire parts of the picture by painting over them, thus entirely changing the overall character of the image. Or rather, he doesn't leave them out, he simply excludes them from being present. They remain hidden on the canvas. Thus, step by step the painted image covers the photographed image, which by dint of its specific technical character has formed a chosen segment of the visible world, lying open to the objective of the apparatus, into a picture. The painted picture, however, abides different laws than photography and also requires different decisions from the artist.

But it is not a fully-fledged victory of painting. The language, the idiom of photography remains and makes some revealing correspondences possible, similar to cross-fading in film, where for a certain time period the fading old scene and the beginning new scene appear as one copied on top of the other. The unity which comes to existence in Bernd Lieven's pictures is a clearly visible ambiguous unity where not only various impressions appear without polarizing, but also various time levels. A photographed image inevitably, by its sheer presence, brings to mind a motif from the past – the irrevocable "That's how it was" (Barthes). In contrast, painting in the literal sense embodies an objectivity that surpasses time, as an object whose dimensions in time can

only be deciphered with the instruments of style criticism or complex chemi-
cal processes of analysis.

If you consider photography and painting through the testing probe of the
theory of signs, both media correspondingly display differences. One is
taken to be an imprint of something that exists, comparable to the way the
imprint of a shoe in the snow bears witness to a human presence; the other is
understood as a symbol without direct reference to the objective world, or as
an object in its own right.

Lieven lays the sign system of painting over that of photography – unques-
tionably a process of cross-fade – to make us focus on the motifs of his
works. Focussing is a process during which the motifs of his pictures change.
On the one hand, what was a functional object before now evolves into an
aesthetic object, on the other hand, although remarkably present, the objects
seem at the same time to have been removed far away.

The longer one observes the works, the more they appear like archetypes of
memory. Step by step, they accrue the aura of nostalgia – a term that I use
only sparingly. And so, an industrial ruin has the appearance of a pyramid.
Lieven not only supports this process, as can be discerned from some of the
picture titles, he consciously sets this thought process going, initiates it.

This is the core of his artistic approach. This is why his works are not representational pictures, nothing that re-presents, de-picts something that can be found, but imagined pictures, pictures that only come to exist in the imagination of the onlooker, in others words, in all of our imaginations – or not. Let's look at the artist's motifs more closely: discontinued industrial estates, public gardens with or without architecture. What do these have in common? Not very much, judged by their appearance, but, in truth, they all discuss

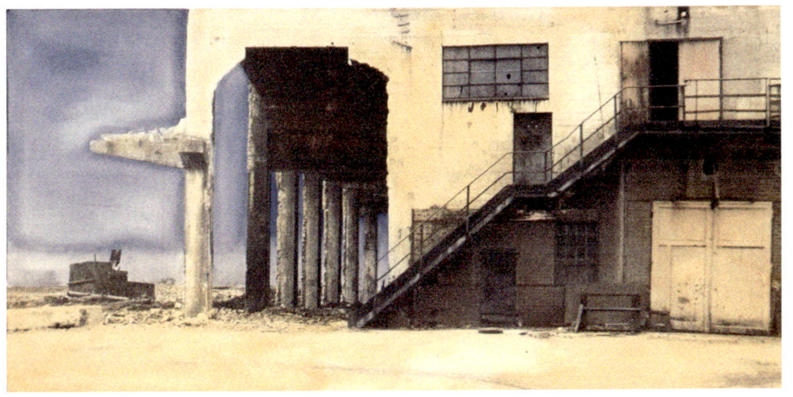

Film Still No. 4, 75 x 160 cm, 1995

the issue of future: nature triumphing, "nature time". They visualize transitoriness. A paradox, tailor-made phenomenon that acknowledges solely the world of pictures.

The productive correspondence between painting and photography. The consequence of this correspondence makes us realize that the central focus of Bernd Lieven's paintings with their photographic base lies on the eternal problem of our perception. Perception not being that which we believe to take in with our eyes. Rather, there is always a hint of projection in what we perceive.

Because it is only the complex switching procedures that take place in our brains, using the data transmitted via light onto our retina, that "construes" images of the outer world, helping us to "see". And often enough, there are differences between the appearance and that which is seen. Bringing these differences to light is the task of contemporary art.

Klaus Honnef

Jeder Ort hat
seinen Raum

I. *Birkenbaum*, 90 x 120 cm, entstanden 2006.

Zu sehen ist der Stamm einer Birke. Ein wenig neigt er sich nach rechts, aber er steht doch zentral im Bild und wächst fest aus dem hohen Gras um ihn herum. Im Hintergrund liegt ein Fluss oder ein See. Erst viel weiter weg, am anderen Ufer, lässt sich so etwas wie Vegetation erkennen – dies konzentriert die Aufmerksamkeit des Betrachters. Die Krone des Baumes ist nicht sichtbar. Dafür hängen rechts und links aber ein paar der typischen dünnen, biegsamen Äste herab, an denen sich die kleinen, noch bei geringstem Wind flink winkenden Blätter festhalten. Alles auf dem Bild liegt in einem hellen Licht. Die weißen Rindenpartien der Birke blenden etwas, ebenso der hinten gelegene Uferrand. Das Gras ist trocken und stumm, kein Wind weht. Der Himmel ist weit.

Es ist absolut faszinierend. Schon nach wenigen Minuten des Betrachtens hat man alles um sich herum vergessen und wähnt sich selbst inmitten der Natur, wo diese Birke steht: bei sommerlichen Temperaturen, unter hoch stehender Sonne, den Geruch von Staub und warmem Wasser in der Nase. Dieses Bild vermag, was andere Bilder heute nicht (mehr) können. Wir betreten mit unseren Augen eine Atmosphäre, einen Raum. Doch seine entscheidenden Dimensionen nehmen wir geradezu körperlich wahr, sein Licht, die Wärme, den Duft der Szenerie, eine gleichsam beredte wie lebendige Stille, seine Größe. „Die Welt muss romantisiert werden. So findet man den ursprünglichen Sinn wieder. Romantisieren ist nichts als eine qualitative Potenzierung", schreibt Novalis 1798 in seinen Fragmenten über Poesie. – Könnte es sein, dass Bernd Lieven auf diese Weise arbeitet?

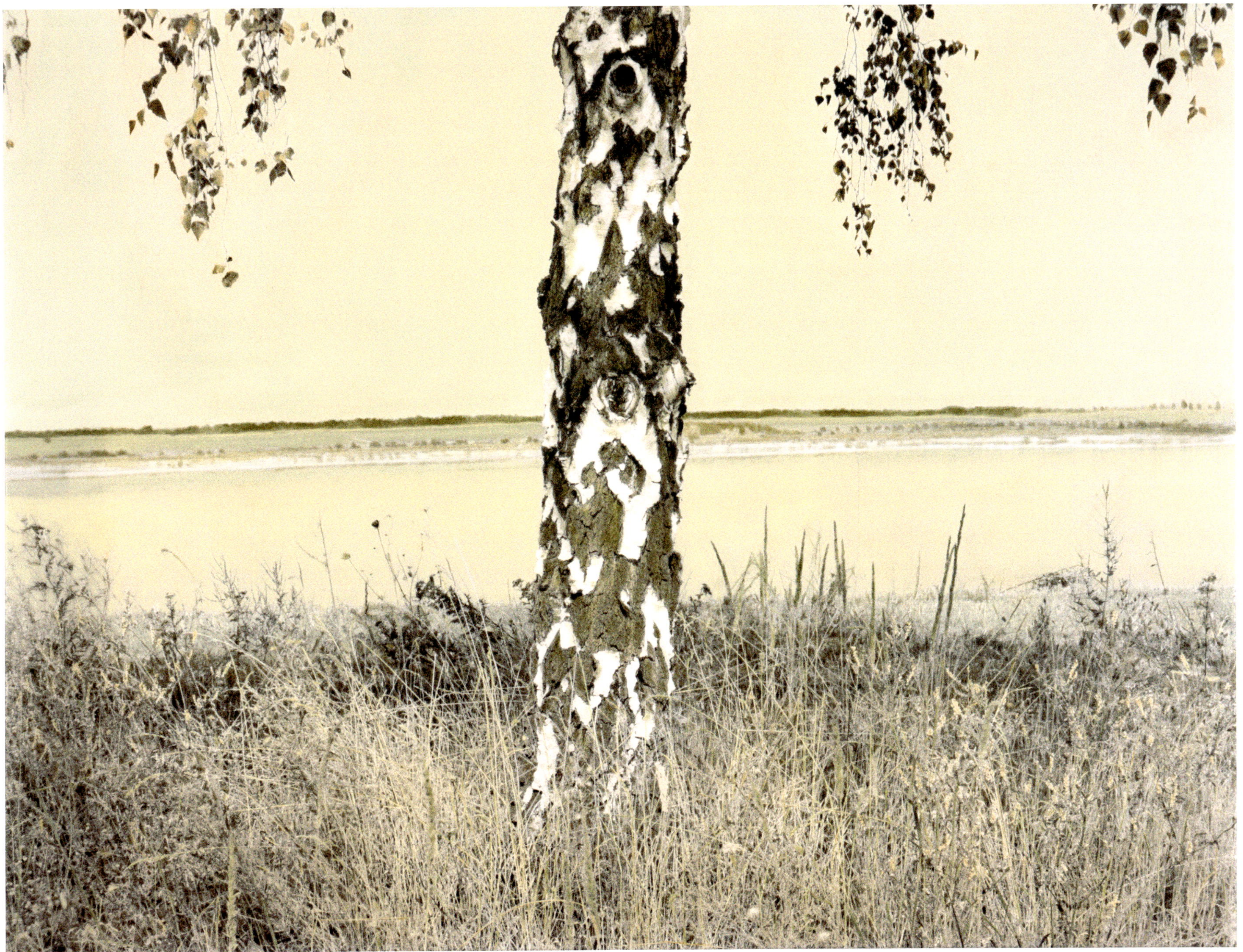

II. Jede Wahrheit stößt sich an den Grenzen der Wirklichkeit.

An dieser Stelle klingt es unter Umständen ein wenig gezwungen, ist aber nicht weniger als eine aus meiner Sicht exakte Beschreibung dessen, was Bernd Lieven mit seinen Arbeiten zeigt. Sei es nun der zugewachsene Laubengang in einem Park, die leere Terrasse eines einst mondänen Strandcafés, eine Insel voller Museen oder der Kreuzgang einer Kartause im süditalienischen Cilento. Das Objekt, das ins Motiv gerückte Bauwerk, ist heute nichts mehr ohne sein Drumherum, ohne die Lebendigkeit des Augenblicks, mag er auch noch so lange zurückliegen.

Es hat sich seit den Industrielandschaften tatsächlich einiges im Kunstwollen von Bernd Lieven verändert. In jenen Bildern zeigte er etwa die Wirtschaftsruinen des Rheinlandes oft als gigantische, der Welt (unserer Welt) entfremdete Monolithe, befreit von allem Beiwerk und von allem Nutzen, aber immer noch voll erhabener Souveränität, Klarheit, Kraft, mit deutlichen Linien und erkennbaren Strukturen, stolz selbst im Moment ihres endgültigen Verschwindens. Heute lässt Bernd Lieven auf seinen Arbeiten (wieder) mehr zu. Und neben der künstlerischen Wahrheit, dem So-Sein-Sollen nach dem Willen und der Auswahl des Künstlers, betritt nun die Wirklichkeit die Bühne.

Diese Wirklichkeit zeigt sich vor allem in kleinen Dingen, alltäglichen Hilfen, Gegenständen, oder längst von uns übersehenen, weil zu oft gesehenen Spuren der Beanspruchung – man könnte auch sagen, der Aneignung von Orten und Bauwerken durch den Menschen. Diese kleinen, marginalen Dinge und Kommentare genügen, um dem Bildbetrachter die Realität der Motive, ihrer Räume zu beweisen. Hier ist es ein Handlauf, dort ein weißes Schild, mal eine Laterne oder der Überlauf vor einem Wasserspiel, mal ein Graffito an einer Säule. Ja, es findet keine Heroisierung mehr statt in dem Sinne, dass das vom Künstler begehrte Objekt, ob Palazzo, Brücke oder Parkbank, seinem Jetzt entnommen und in ein unwirtliches „Vielleicht“ verbracht wird, so wie es noch die Industrielandschaften mit ihren surrealfarbigen Himmeln und leergefegten Flächen vorzustellen wussten. Nein, vieles bleibt nun einfach wie es ist – oder wie es war – als Motiv und Künstler aufeinandertrafen.

III. Sui generis.

Wendet man sich nur den technischen Details des Bildwerdungsprozesses zu, die Behauptung, Bernd Lieven sei ein Künstler sui generis (lat., so viel wie „eigener Art“), bliebe womöglich unbewiesen. Nach wie vor bilden schwarzweiße Fotografien die Grundlage seiner Bilder. Sie sind wie ein Skizzenbuch; verschiedene Ansichten und Perspektiven von Bauwerken, Plätzen und Räumen werden festgehalten, zur Erinnerung und als Gedankenstütze. Wählte man die gelungensten aus, könnte man es bei den Fotografien sogar belassen. Der Einfachheit halber. Doch Bernd Lieven ist kein Fotograf. Er selbst sagt, das Foto spiegele nicht seine eigene Wahrnehmung wider. Wichtiger ist ihm die Arbeit als Maler, das Foto legt lediglich – ähnlich dem Karton bei einem Fresko – die Szene und ihre möglichen Beteiligten fest.

Das Material des Malers aber ist, nachdem er sich auf ein Motiv festgelegt hat, die Farbe. Um für seine Bilder das richtige Farbenspiel zu finden, braucht Bernd Lieven vor allem Zeit. Denn die später sichtbaren Farben, der Nuancenreichtum, sind nur zum Teil realistisch, dem Zeitpunkt der Aufnahme wie dem Ort selbst entsprechend. Schicht für Schicht, in feinsten Lasuren, wird die Farbe aufgetragen. Die Fotografie als Grundlage, als Zeichnung, wird nicht verschwiegen. Tatsächlich aber liest sich das einfacher, als es ist. Denn das Foto wird nicht koloriert. Es wird auch nicht übermalt. Die Farbigkeit auf den Bildern von Bernd Lieven ist vielmehr ein bei der Suche nach der wahren Bildharmonie gefundenes, das Motiv in seinem Charakter wie in seiner Bedeutung steigerndes Ergebnis. Nur auf diese Weise kann dann ein Baldachin aus grünem Blattwerk entstehen, filigran durchbrochen von strahlender Sonne wie feinste Spitze. Nur dann wirkt ein ohnedies prächtiger, weil in voller Blüte stehender Oleander im Hof eines ausgezehrten, maroden Palazzos noch schöner, nimmt uns sein Zauber – trotz

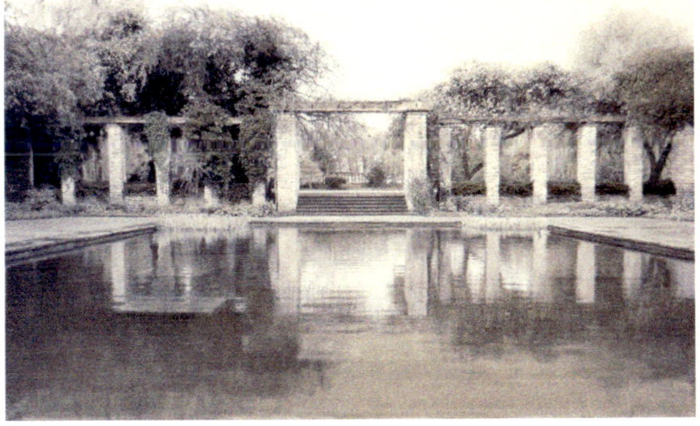

Frühe japanische Landschaftsfotografie/
Early Japanese Landscape Photography, 45 x 75 cm, 2001

des steinernen Vergessens um ihn herum – wie ein Glück verheißendes, lebendiges Fanal der Zukunft gefangen.

IV. Jeder Ort hat seinen Raum.
Heute wählt Bernd Lieven vermehrt Motive aus, vor denen er nicht nur entfernt als Betrachter stehen, sondern in die er im wörtlichen Sinne eintreten, in denen er sich umschauen, die er als Räume erleben kann. Ein Grund, warum viele neuere Arbeiten als Serien entstehen. Die dann einander zwar ähnlichen, doch im Detail unterschiedlichen Bilder vermitteln uns wie in der Serie *Himmelsrichtung I–IV* (2007) eine ganz neue Raumerfahrung in der Malerei. Mit jedem Bild aus einer Gruppe blicken wir uns um, drehen uns, wie wir es tun würden, wenn wir anstelle des Malers in eben jenem Park stünden. Der Ort – im Bild – wird zum Raum im zweiten Bild. Ein Gefühl von Größe und Höhe erreicht uns, wie es ein Bild allein kaum evozieren kann.

Wie schrieb Novalis: „Romantisieren ist nichts als eine qualitative Potenzierung." Wenn dem so ist, dann ist der Maler Bernd Lieven ein Romantiker im besten Sinne. Und zwar nicht, weil er den Ruinen huldigt, sondern weil er, nun frei nach Novalis, den Augenblick ins Unendliche steigert, Tatsachen in sinnliches Erleben verwandelt, und aus Orten, an denen wir achtlos vorübergehen würden, Räume erfindet, in denen das Einfache zum Besonderen werden kann.

Stefan Skowron

Every Space has its Place

I. *Birkenbaum* (Birch Tree), 90 x 120 cm, 2006.

We see the trunk of a birch. It tends slightly towards the right, and yet it stands sturdily in the center of the picture, growing out of the high surrounding grasses. In the background, there is a river or a lake. Much further in the background, on the far bank, some kind of vegetation can be discerned, and it attracts the attention of the onlooker. The crown of the tree cannot be seen. But to the left and right, a few typical birch twigs hang down, wispy and supple, to which the small leaves are attached, those nimble leaves that appear to dance even at the slightest breeze. Everything in this picture is immersed in bright light. The white sections of the birch trunk are slightly blinding, as is the river bank in the background. The grass is dry and still, there is no wind blowing. The sky is expansive.

It is absolutely fascinating. Only a few minutes of looking at this picture and one has forgotten one's surrounding, imagining oneself in the midst of this landscape where the birch stands: it is a warm summer's day, the sun is high up in the sky, the smell of dust and warm water is tickling in the nose. This picture achieves something other pictures cannot do (any more) today. With our eyes, we are entering into another atmosphere, a different space. And yet, we can physically perceive its distinctive dimensions, its light, warmth, the scent of the scenery, its tranquillity, which its both eloquent and vivid, its grandeur. "The world needs to be romanticized. This is how we might redis-cover the primordial sense. Romanticizing is nothing other than an increase

 Theater (Flow), 90 x 120 cm, 2008

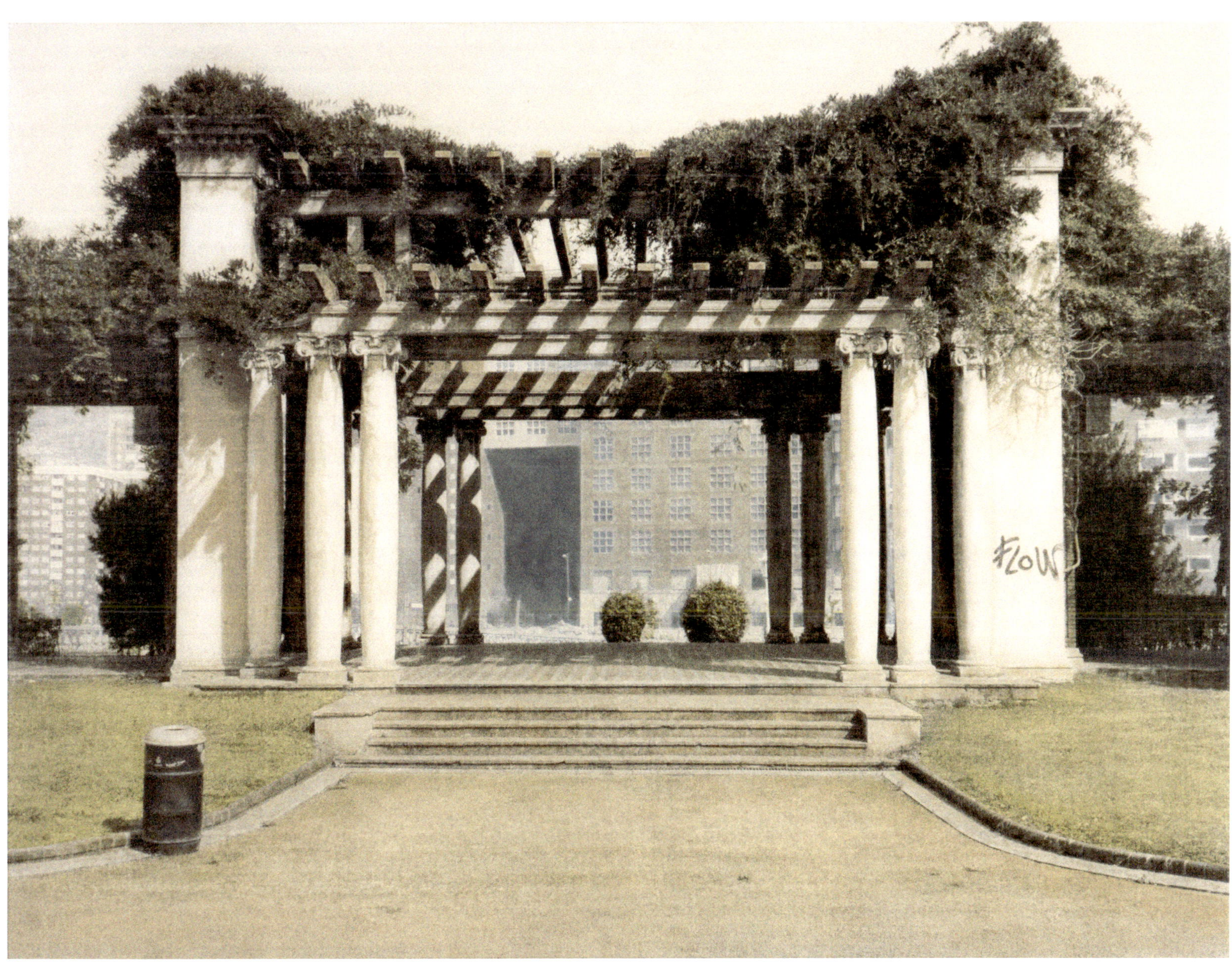

in quality." Thus wrote Novalis in 1798 in his fragments on poetry. – Could it be that Bernd Lieven has a similar approach?

II. Every truth jostles with the borders of reality.
This might sound a little bit constrained here, but in my opinion it is no less than an exact description of what Bernd Lieven shows with his works. Be it the overgrown pergola in a park, the empty terrace of a formerly mundane seaside café, an island full of museums or the cloistered courtyard of a charterhouse in Cilento, southern Italy – today the object, the structure that is focused on, is nothing without its surroundings. It needs the vivacity of the moment, how ever long gone this moment may be.

Since his Industrial Landscapes, many things have changed in the artistic volition of Bernd Lieven. In those works, he would for example show the industrial ruins of the Rhineland area as gigantic monoliths, alienated to the world (our world), freed of all accessories and of all use, and yet still full of sublime sovereignty, clarity and power, with clear outlines and recognizable structures, proud even in the instant of their ultimate vanishing. Today, Bernd Lieven tolerates more (again) on his pictures. Alongside the artistic truth, the this-is-how-it-should-be according to the will and choice of the artist, now reality enters the stage.

This reality displays itself most of all in small things, everyday aids, objects or traces of use which we have long since come to ignore because we have seen them too many times – one might say, traces of humans appropriating objects or structures. These small, marginal things and comments suffice to prove to the onlooker the reality of the motifs, of their spaces. It might be a handrail here, or a white signpost there, a lantern or spillover from a fountain, sometimes a graffito on a pillar. Indeed, there is no act of hero worship taking place anymore, in the sense that the objects desired by the artist – be it a palazzo, a bridge or a bench in a park – are lifted out of their 'now' and transported into an inhospitable 'maybe', as was the case with the Industrial Landscapes, their skies in surreal colors, the surfaces swept empty. No, now many things simply stay as they are – or as they were – when motif and artist encountered each other.

III. Sui generis.
If one only looks at the technical process of how these pictures come to exist, then the statement that Bernd Lieven is an artist sui generis (that is, of his own kind, unique) might possibly remain unproven. Now as then, black-and-white photographs make up the foundation of his pictures. They are like a scrap-book; various views and perspectives of structures, public squares and spaces are recorded to remind him and as a mnemonic device. If one selected the best of these, the photographs might even be self-sufficient. For simplicity's sake. But Bernd Lieven is not a photographer. He says himself that a photograph does not mirror his individual perception. What counts for him is the work as a painter. The photo is merely a tool, like the card for murals, to help him record the scene and all the possible participants.

However, the material of the painter, once he has settled on the motif, is color. In order to find the right interplay of colors and hues for his pictures, Bernd Lieven requires a lot of time. Because the colors that can be seen at the end, in all their wealth of nuances, are only in part realistic, according to the time and place the photograph was taken. Layer by layer, working with exquisitely fine glazes, the color is applied. The photograph as the basis, as a kind of drawing, is not concealed. But in fact this reads more easily than it actually is. After all, this is not about colored photos. They are not being painted over, either. Rather, the colorfulness of Bernd Lieven's works results from the search for authentic pictorial harmony, one that increases both the character of a motif and its meaning. This is the only way that a canopy consisting of green leaves can come to exist, punctuated with filigree rays of sunshine, like delicate lace. Only then does an Oleander – magnificent already because in full bloom – standing in the courtyard of a run-down and withered palazzo unfold its overwhelming beauty; only then does its magic – in spite of the stony oblivion that surrounds it – capture us like a vivid beacon, promising a bright and happy future.

IV. Every space has its place.
These days, Bernd Lieven increasingly chooses motifs which he may not only stand in front of, looking at them from a distance, but rather ones which he can literally step into, inside which he can look around, and which he can experience as spaces. This may be a reason why many of his younger works are developed in series. Which then are similar to one another but differ greatly in respect to details, such as the series *Himmelsrichtung I–IV* (Direction I–IV, 2007), which offers an experience of space that has heretofore not existed in paintings. With every single work from a series, we are looking around us, turning, just as we would if we were to stand in that very park, in the artist's shoes. The place – in the picture – becomes the space in the second picture. A feeling of greatness and height overwhelms us which would not possibly be evoked by one single picture.

Returning to Novalis, "Romanticizing is nothing other than an increase in quality." If this is true, then the painter Bernd Lieven is a romantic in the best sense of the word. Not because he pays homage to the ruins, but because, in a liberal interpretation of Novalis, he increases the moment to infinity, transforms facts into sensuous experiences, and invents spaces from places we would otherwise walk past without giving them a second thought, spaces where any common object can evolve into something special.

Stefan Skowron

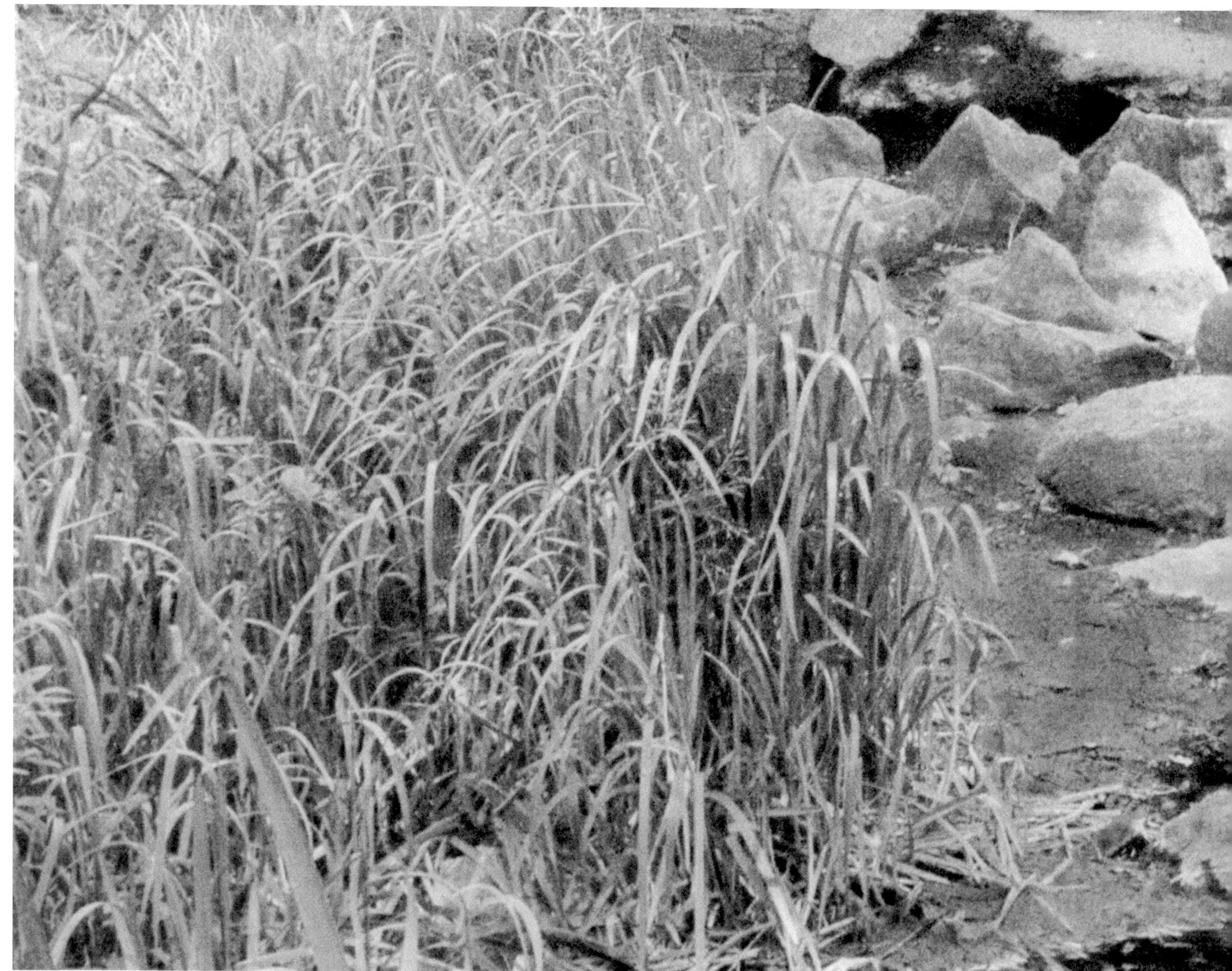

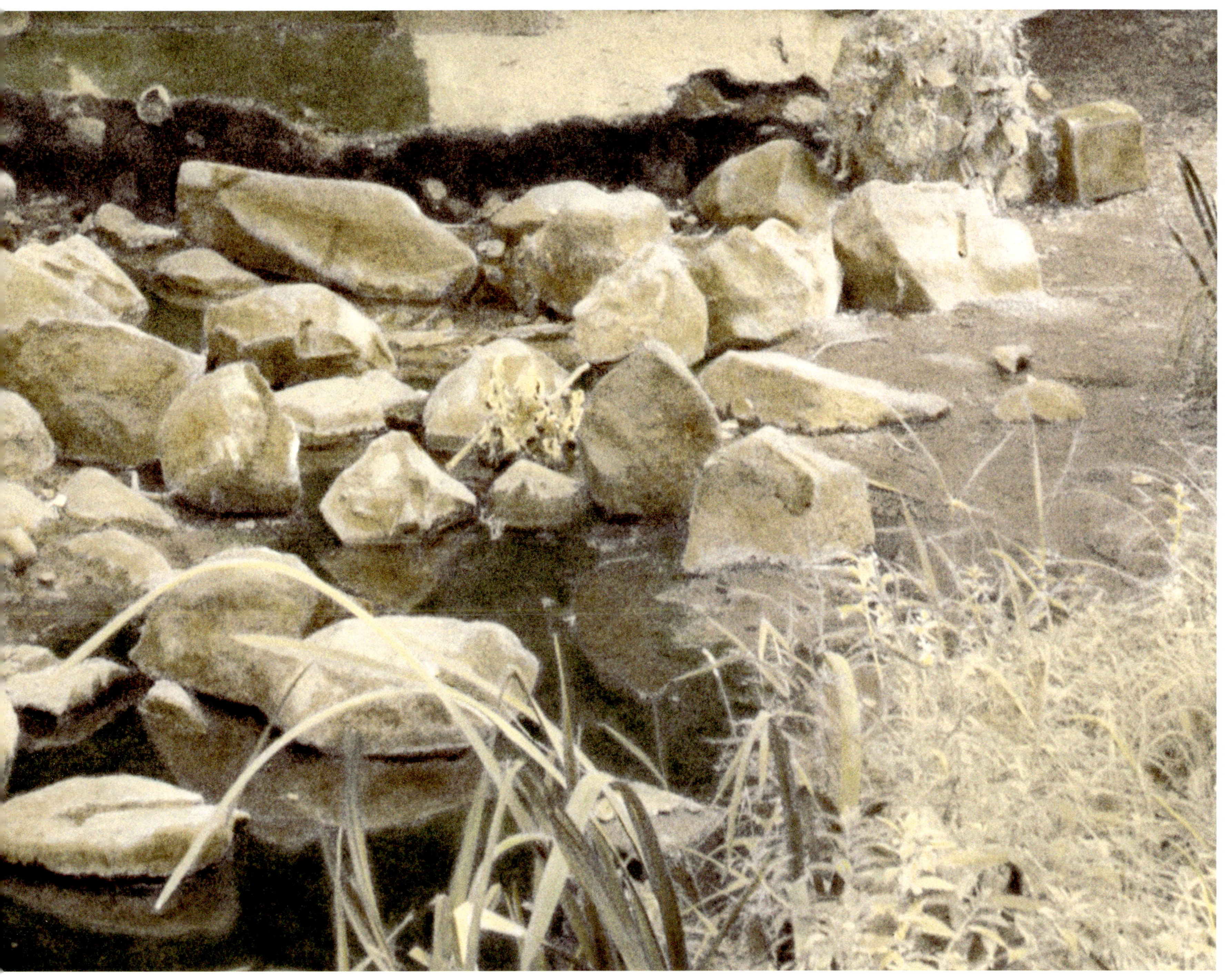

  Idyll, 90 x 105 cm, 2006

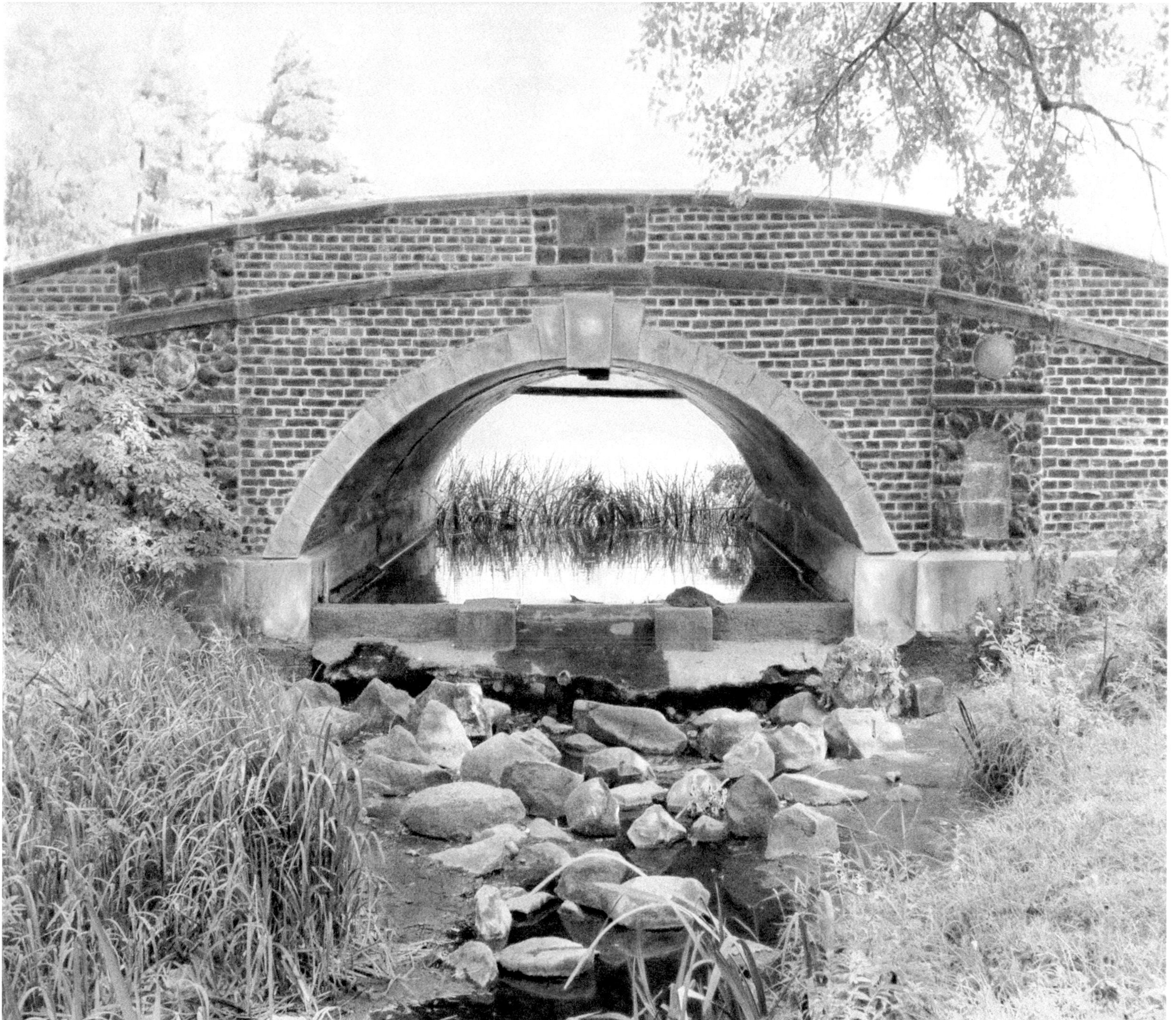

    Nordpark VI/North Park VI, 90 x 140 cm, 2007

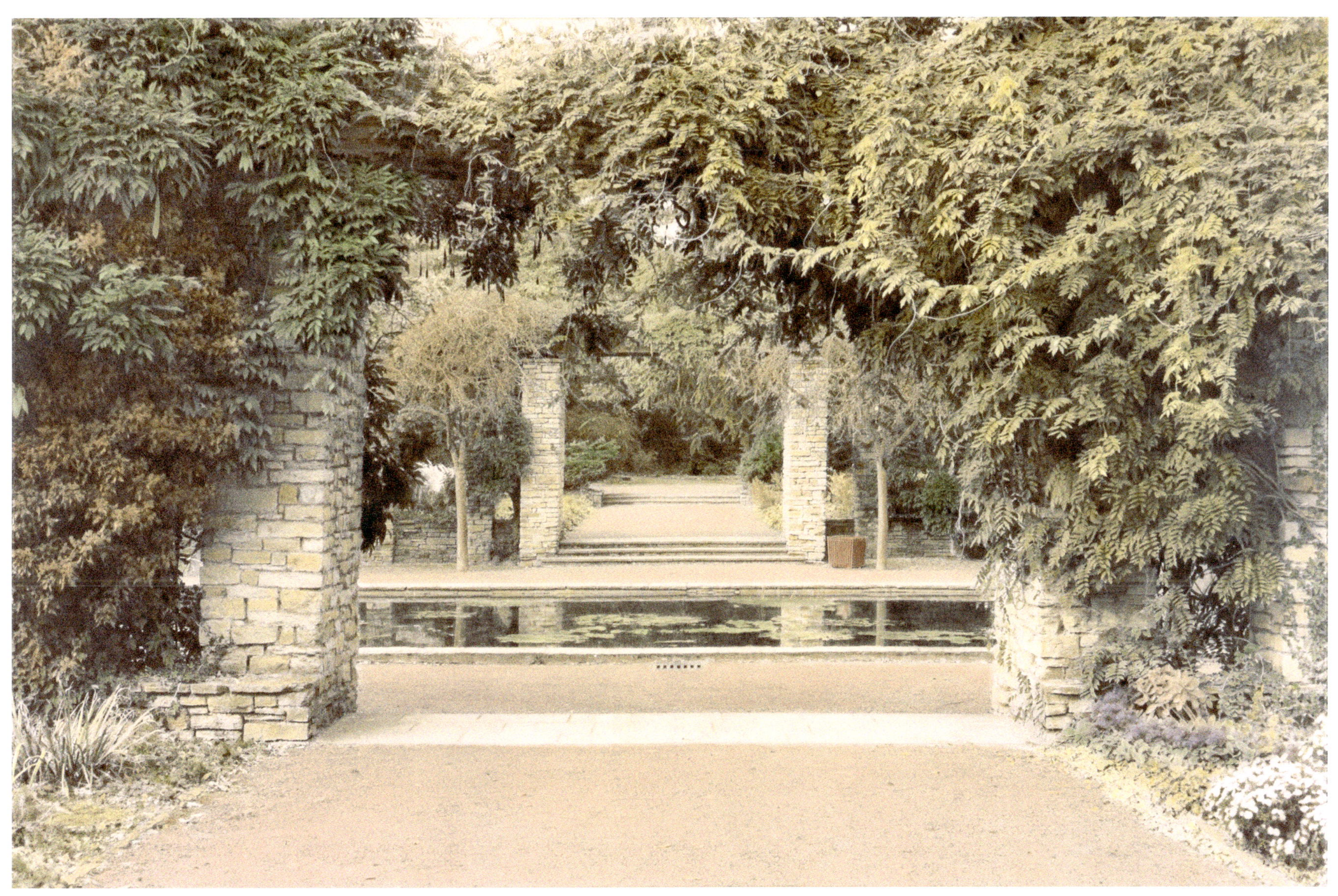

30   **Theater (A)**, 90 x 120 cm, 2008

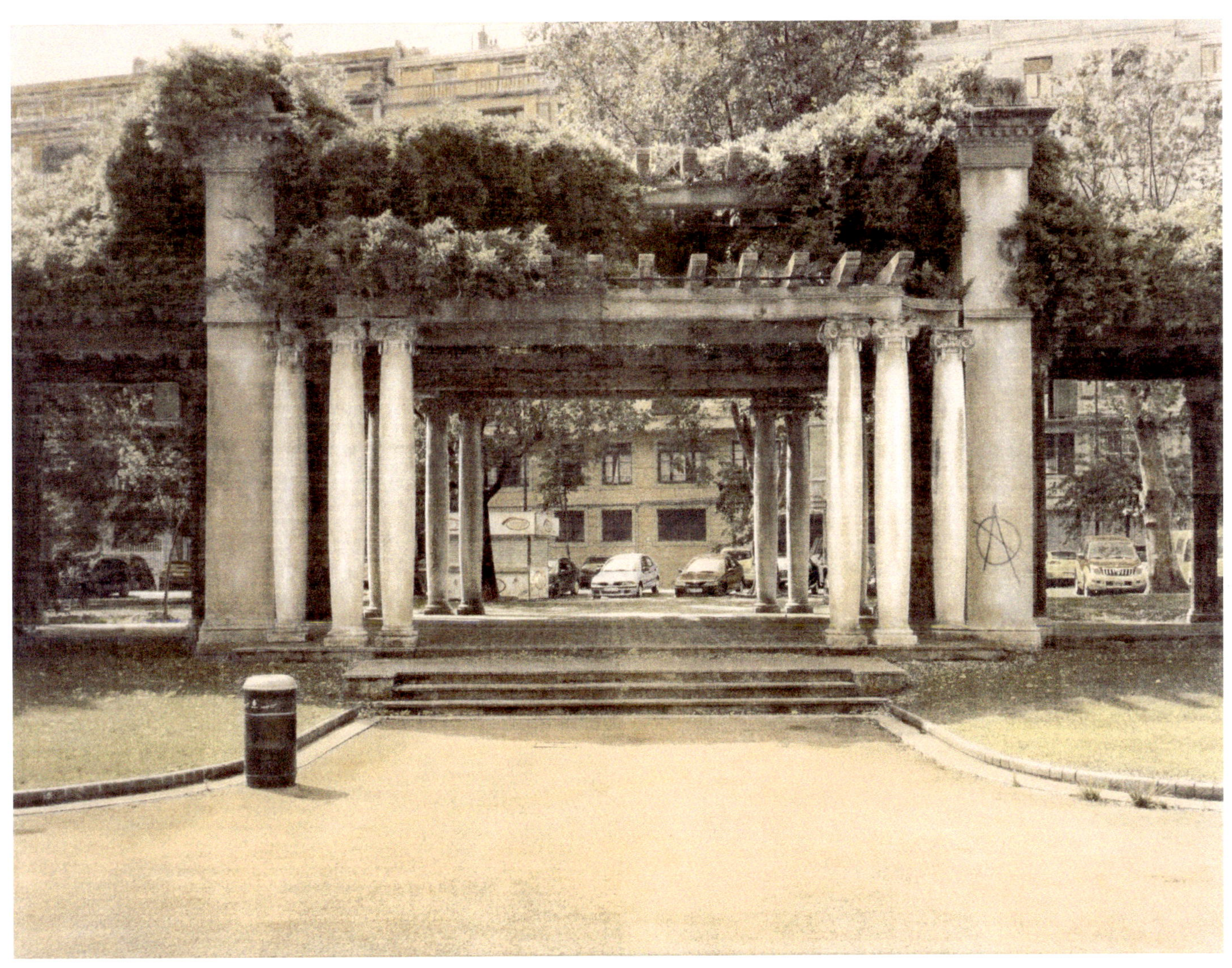

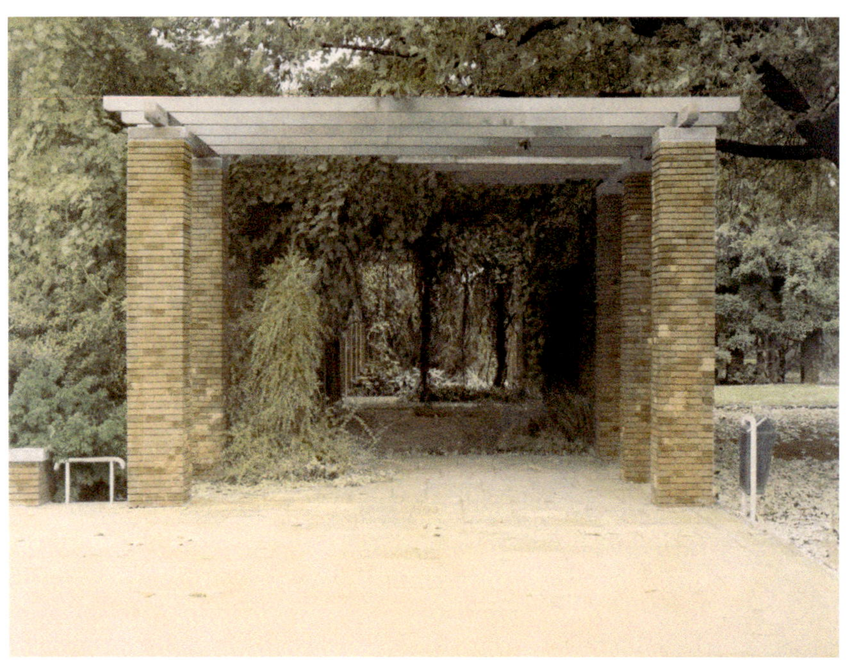 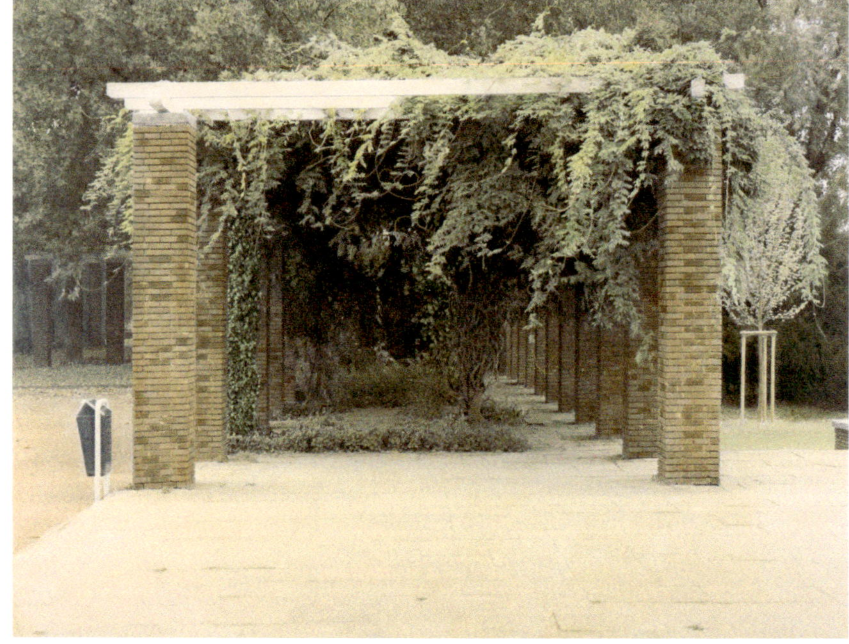

   Himmelsrichtung I–IV / Direction I–IV, 90 x 120 cm, 2007

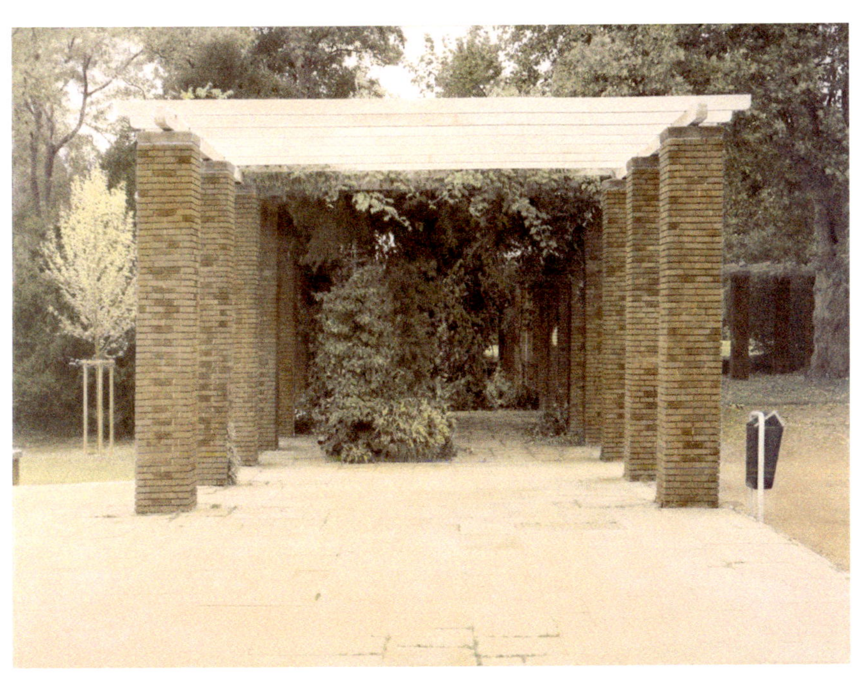 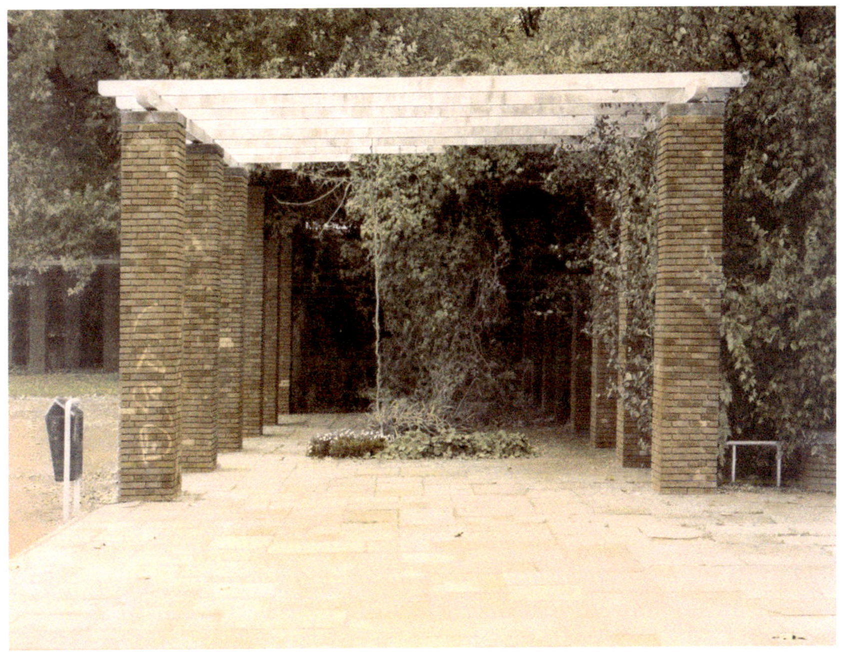

34   **Theater (Tantus)**, 90 x 130 cm, 2008

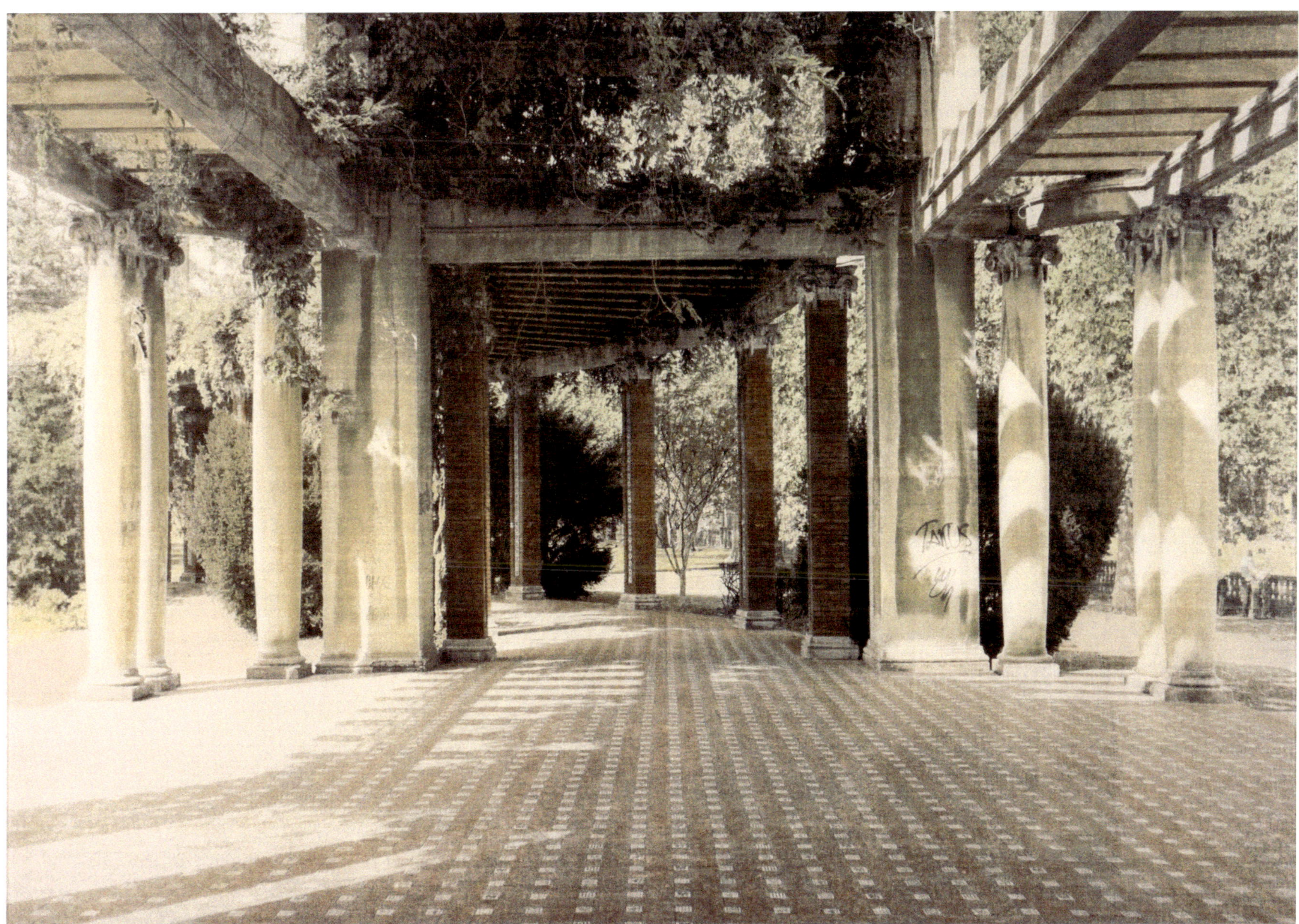

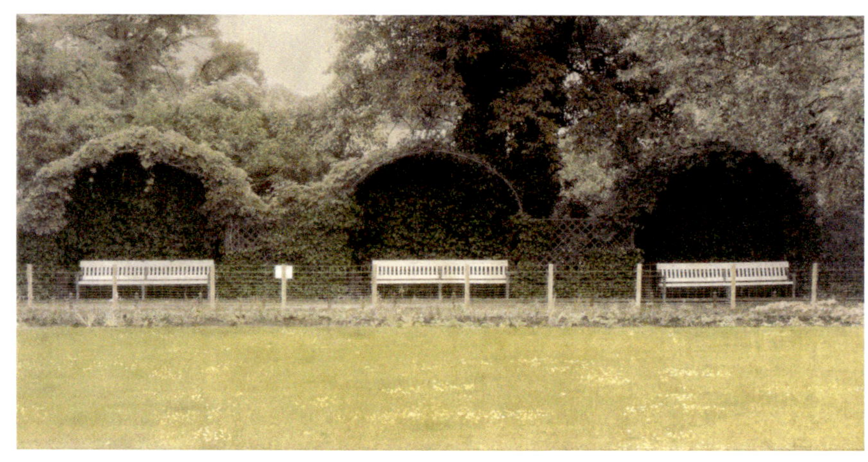

    S Platz I–III/S Place I–III, 45 x 90 cm, 2007

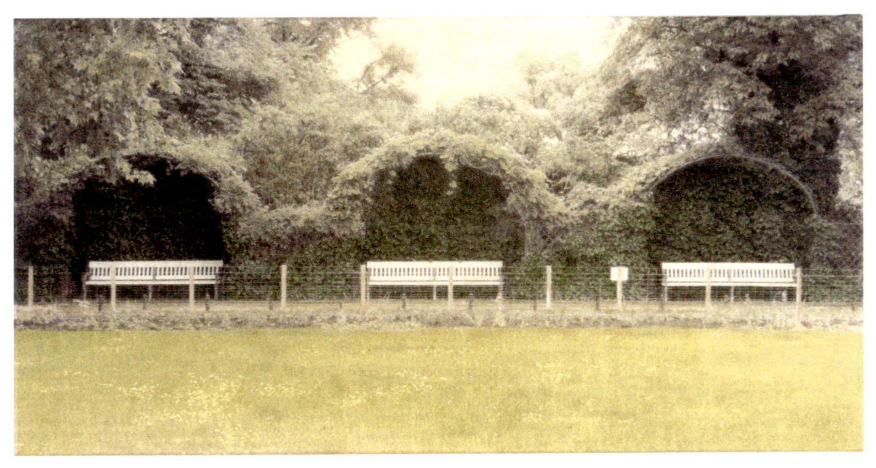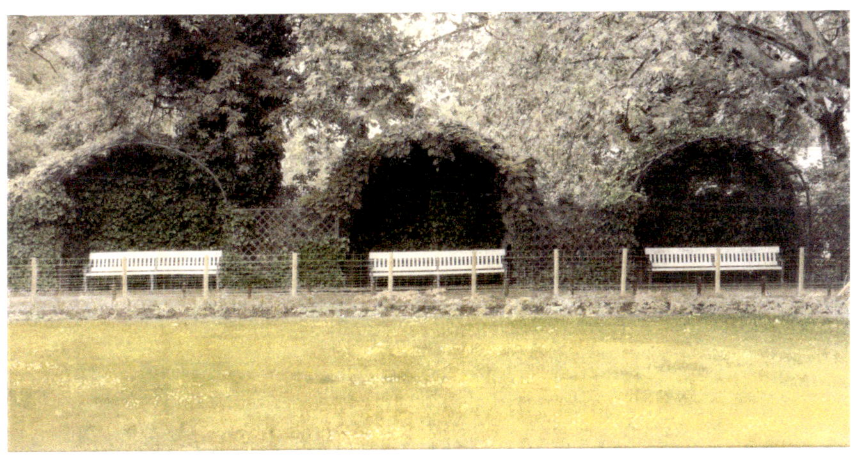

  Das grüne Haus/Green House, 90 x 150 cm, 2006

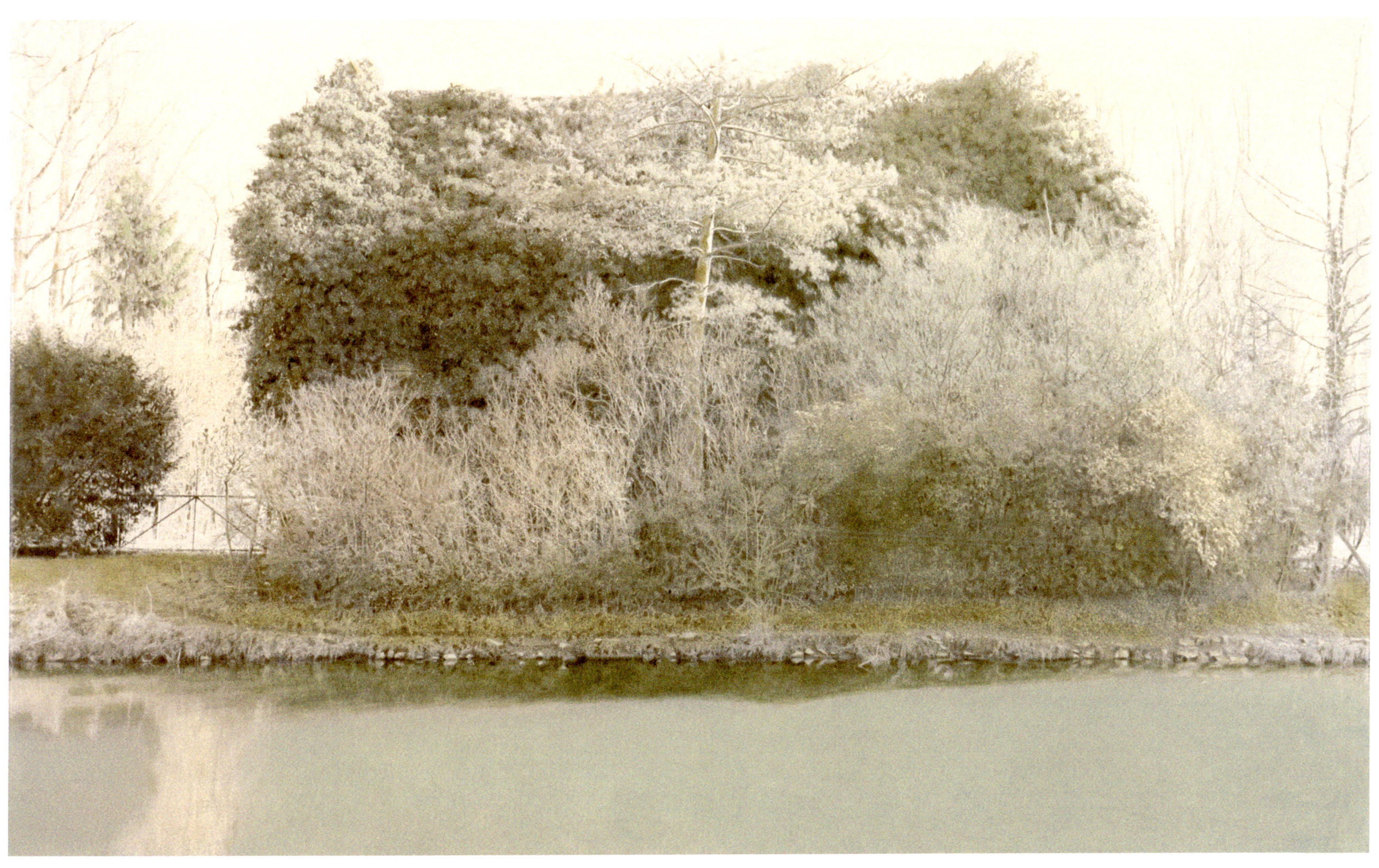

   Parkline, je 50 x 95 cm, 2007

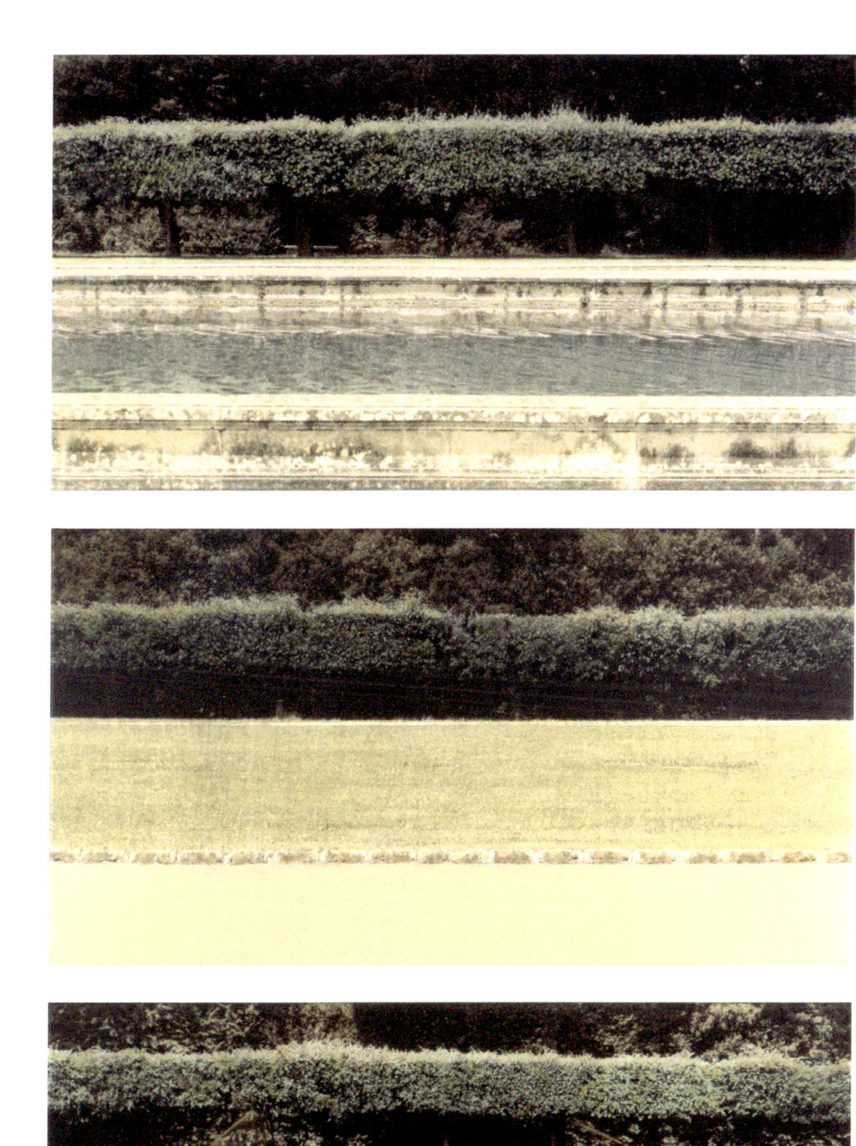
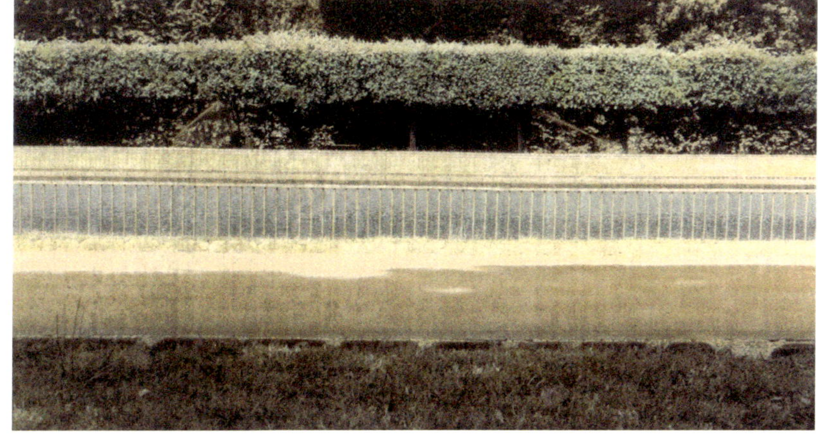

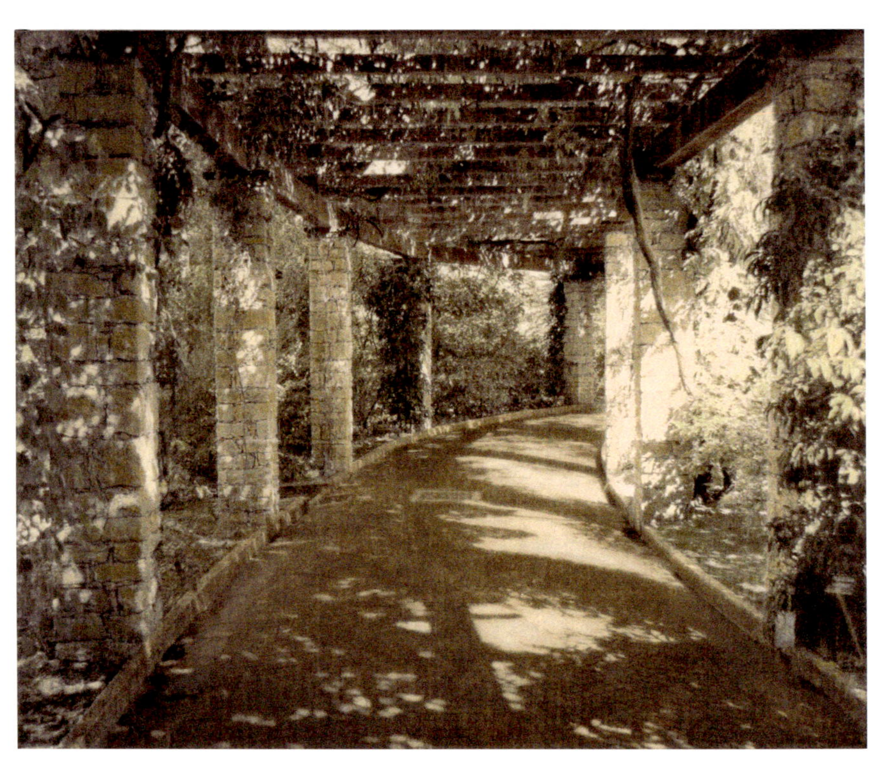

42   **Labyrinth I–III**, 70 x 85 cm, 2008

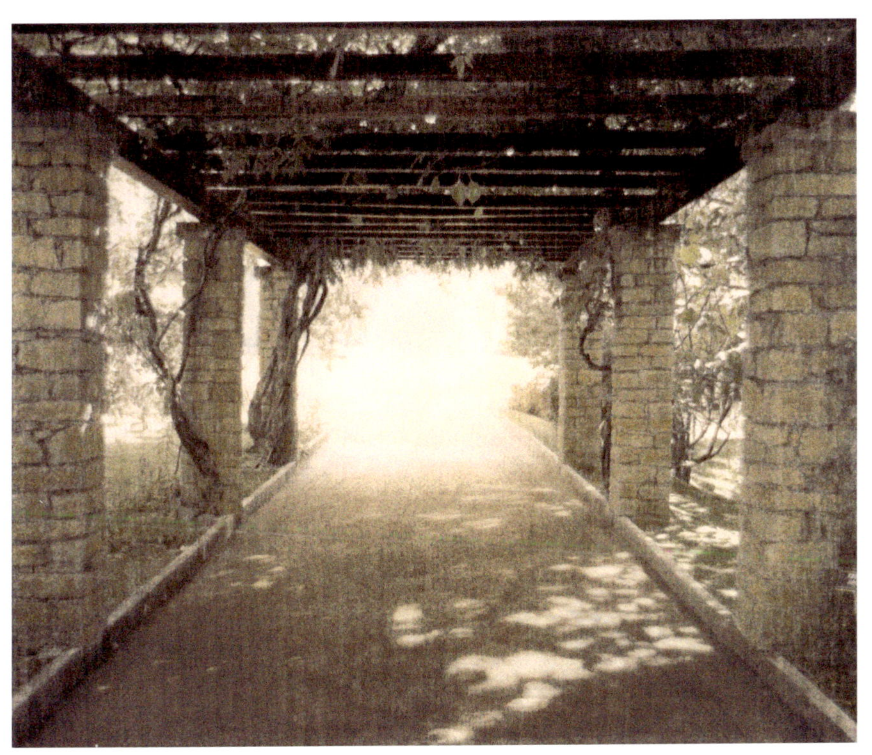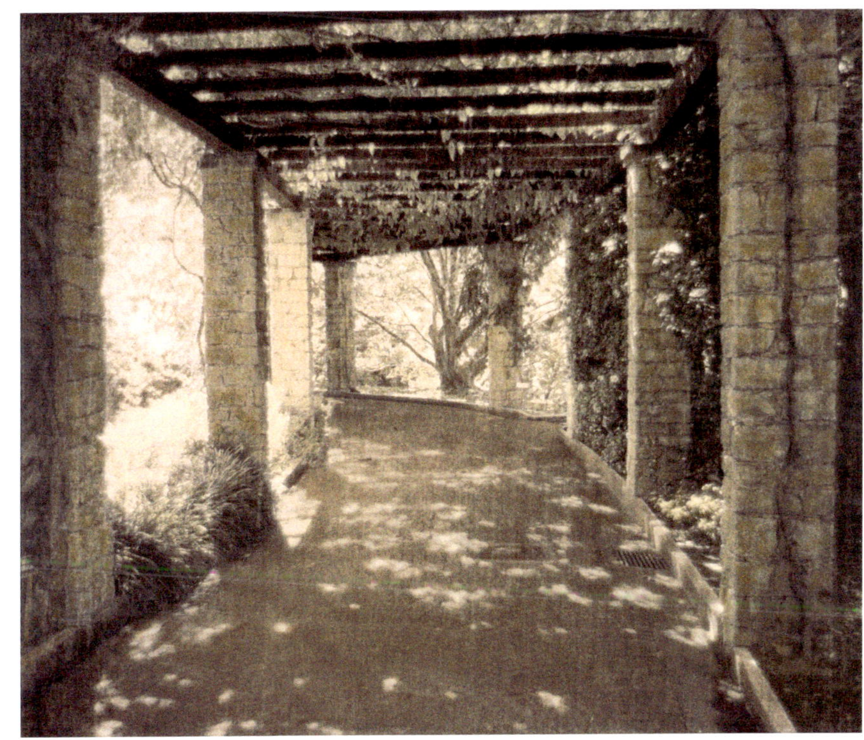

 Laubengang/Pergola, 95 x 150 cm, 2002

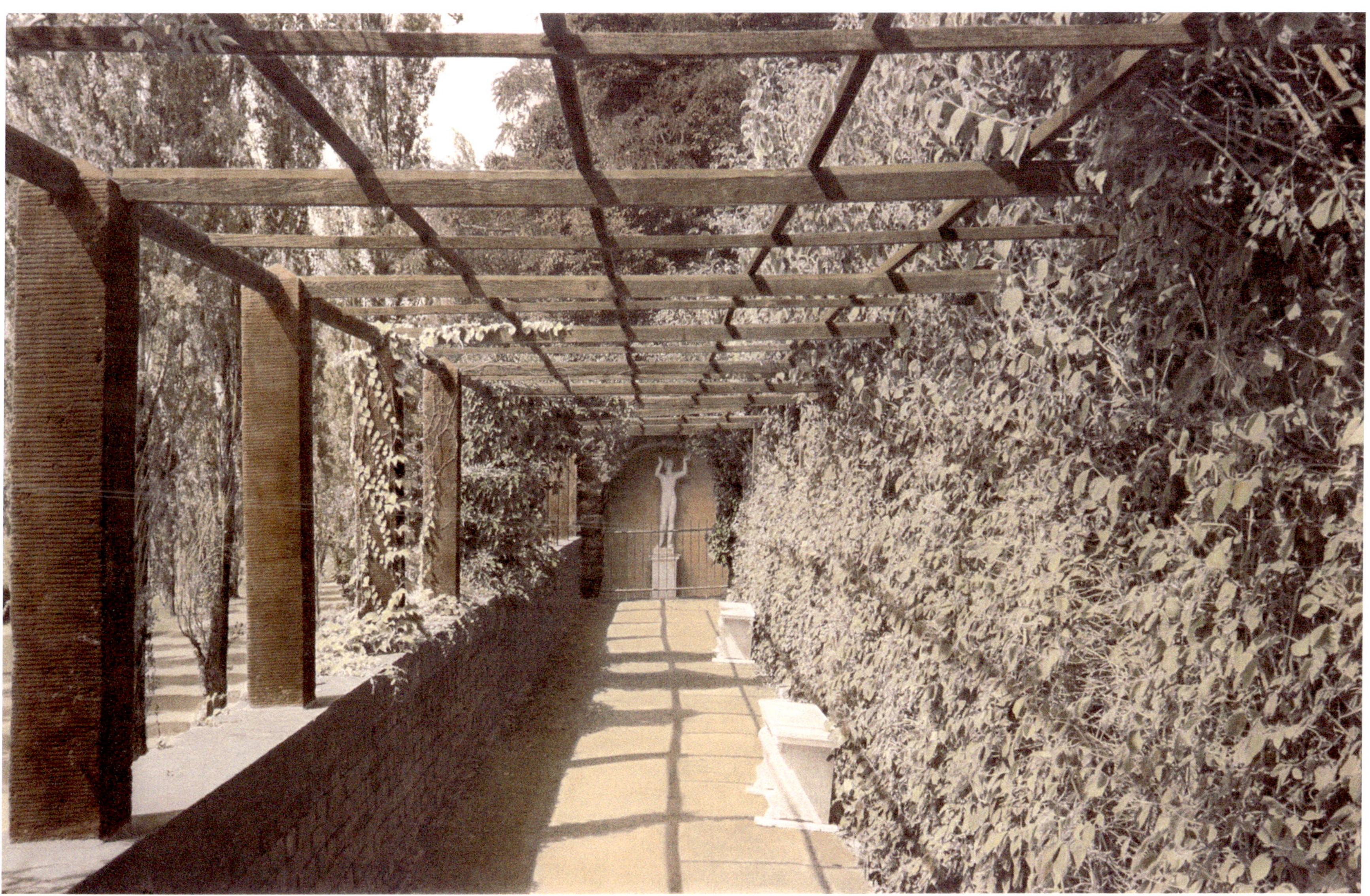

46   **Barca II,** 115 x 95 cm, 2006

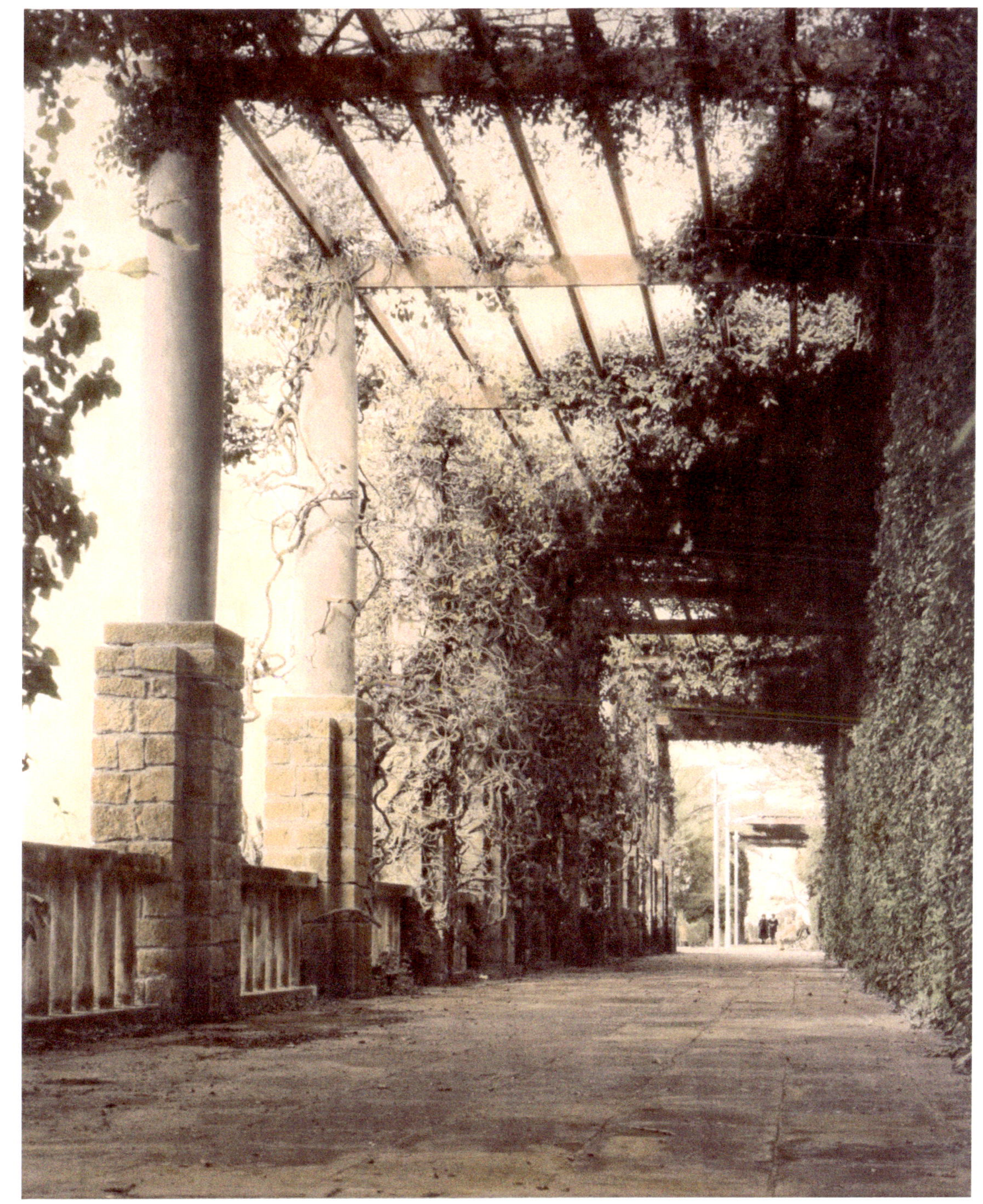

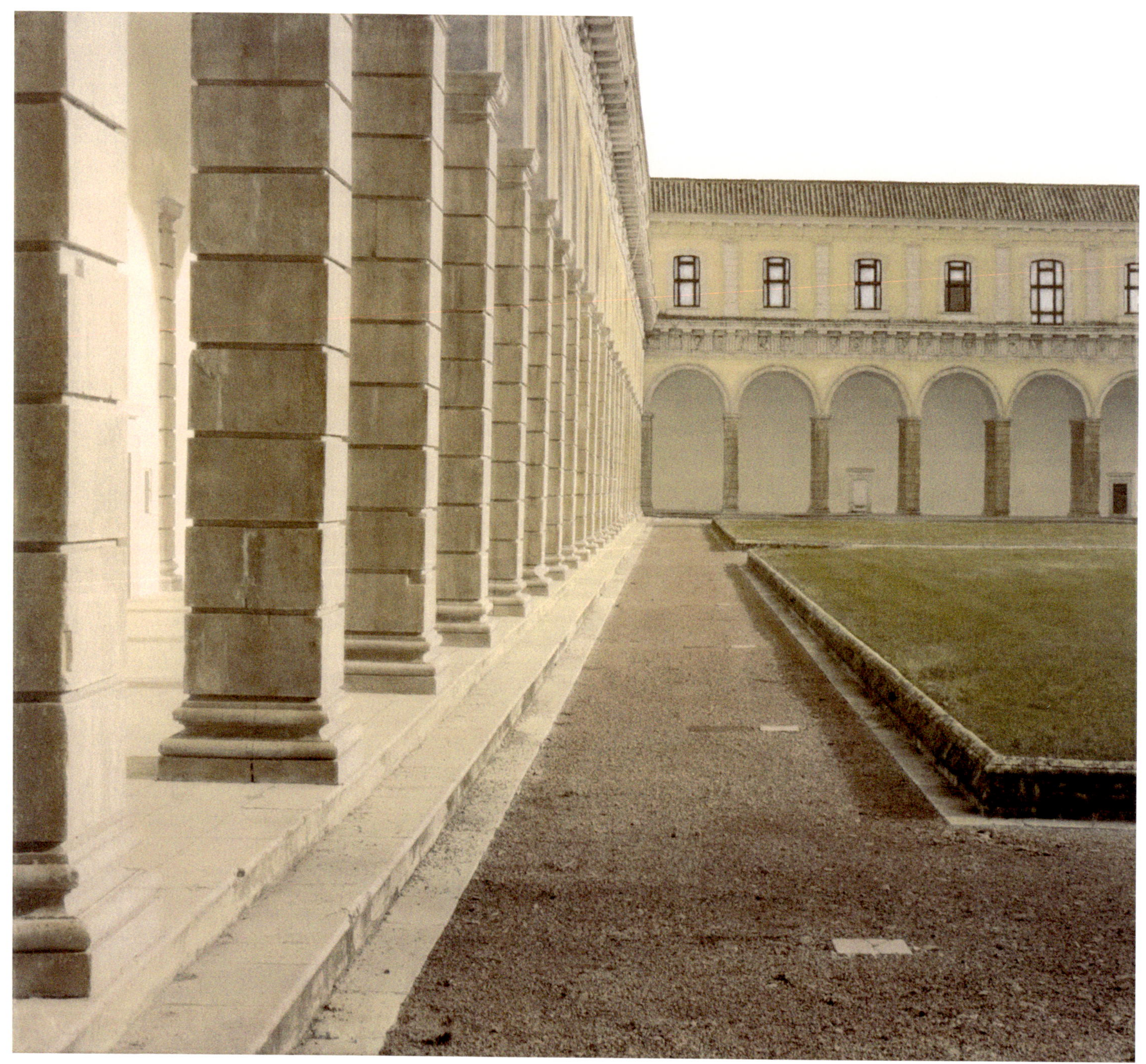

      Padula I, 90 x 100 cm, **Padula II**, 90 x 95 cm, 2005

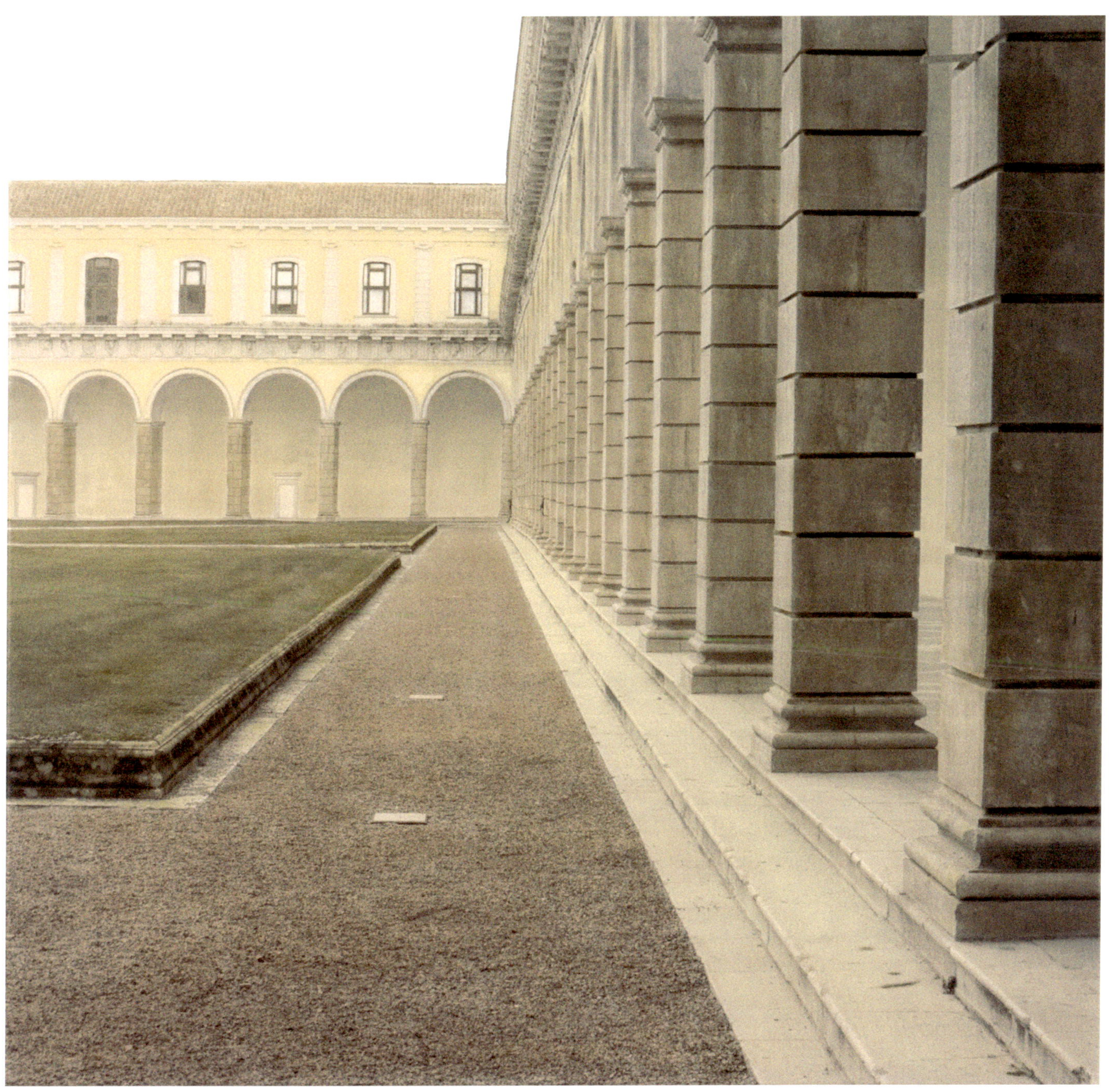

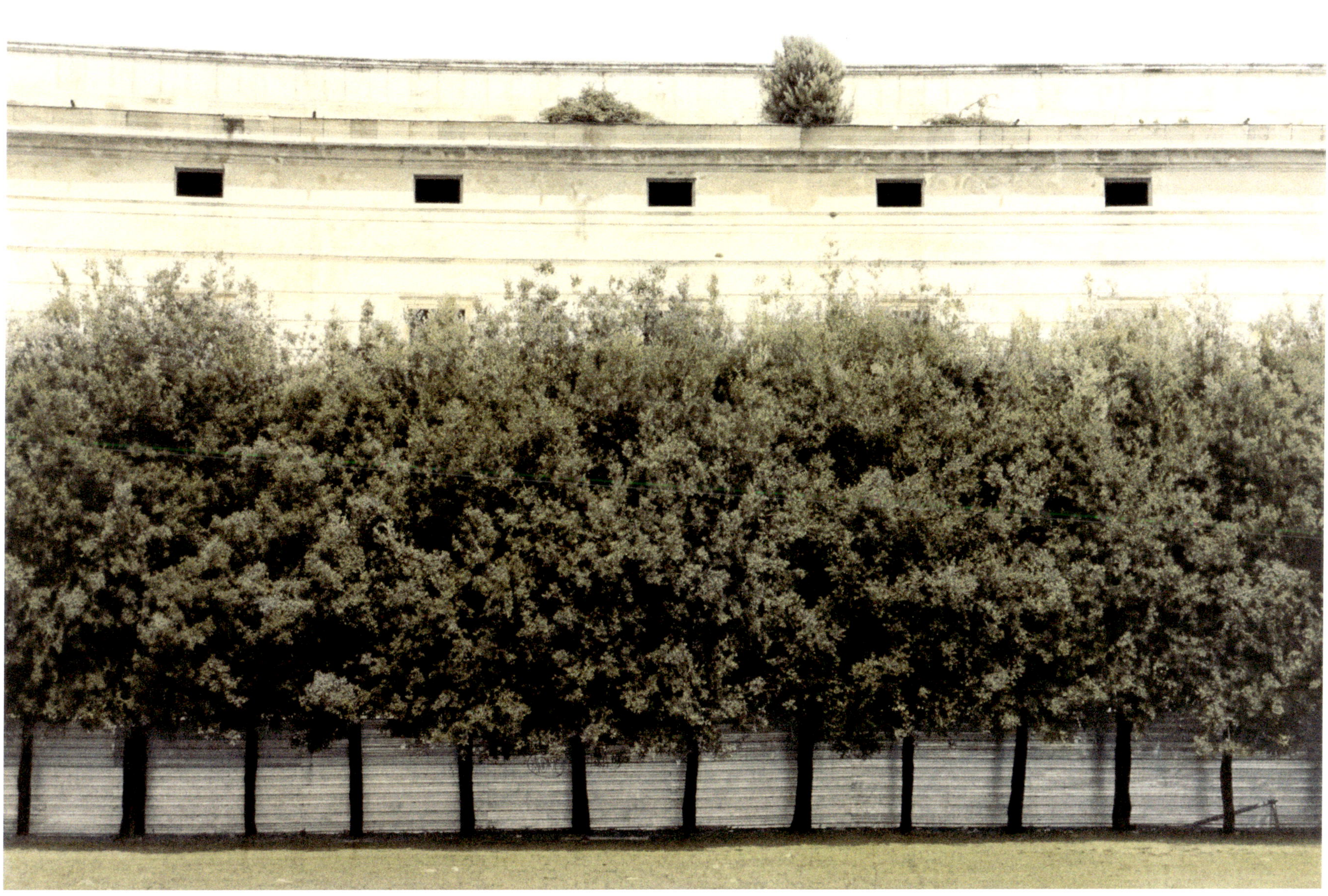

  Lonesome rider, 100 x 155 cm, 2006

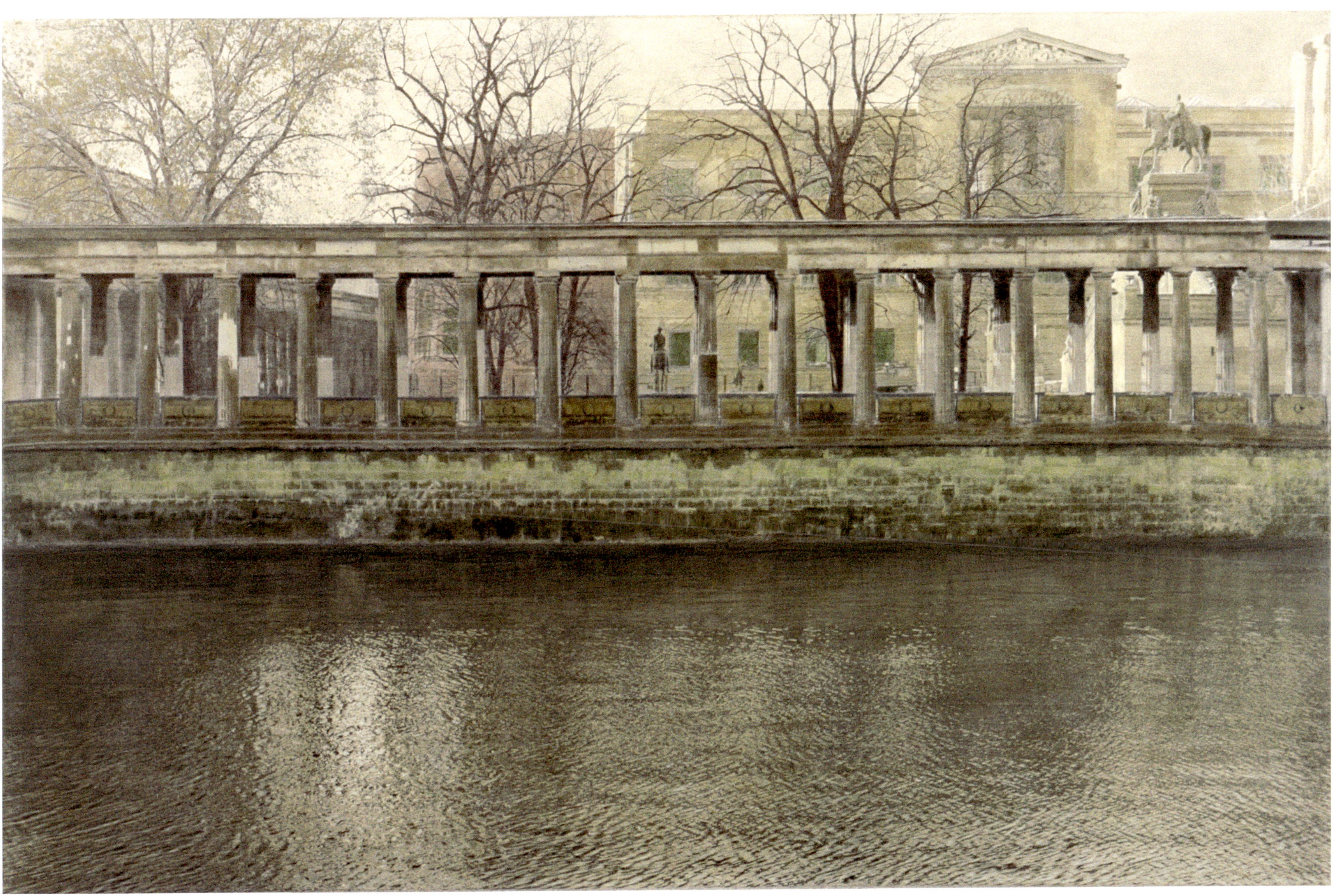

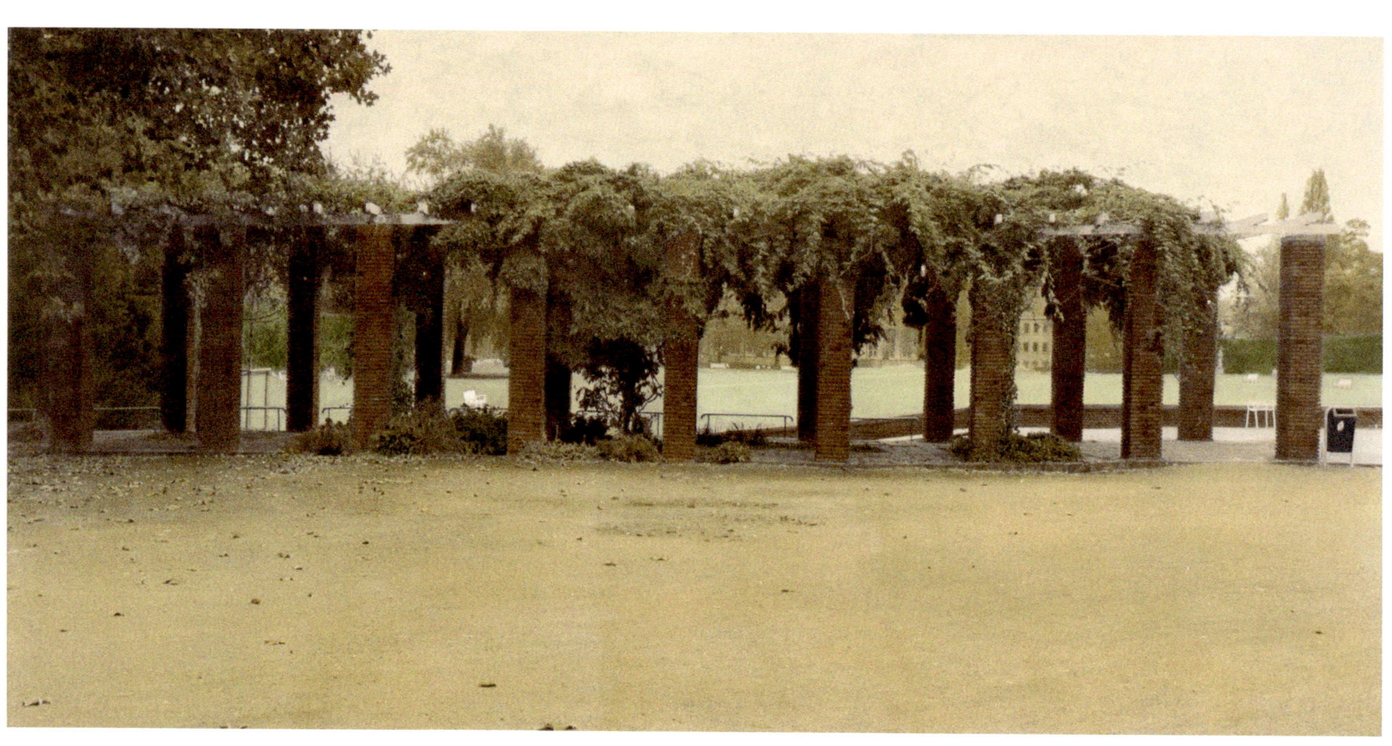

54   **Nordpark IV** und **V** / North Park IV and V, 80 x 160 cm, 2006

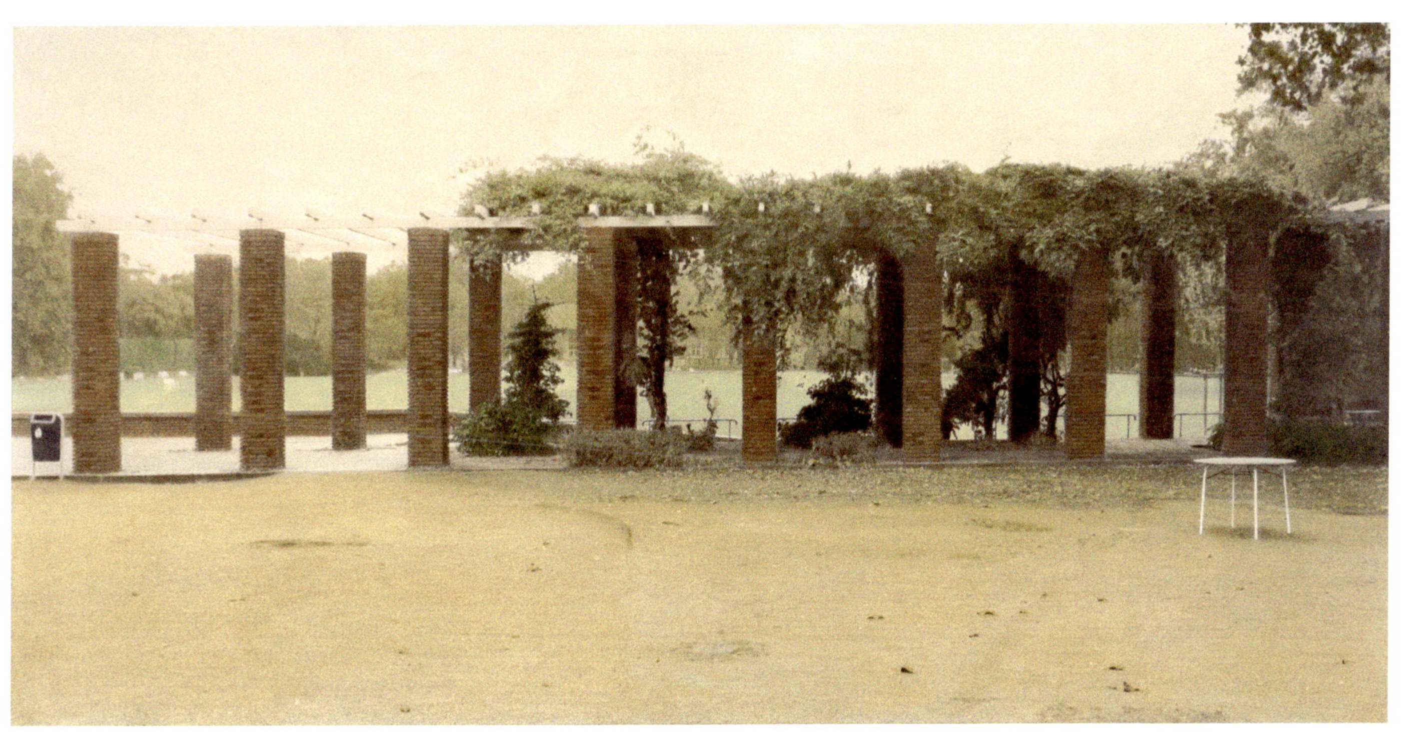

56   **Lido I**, 95 x 140 cm, 2007

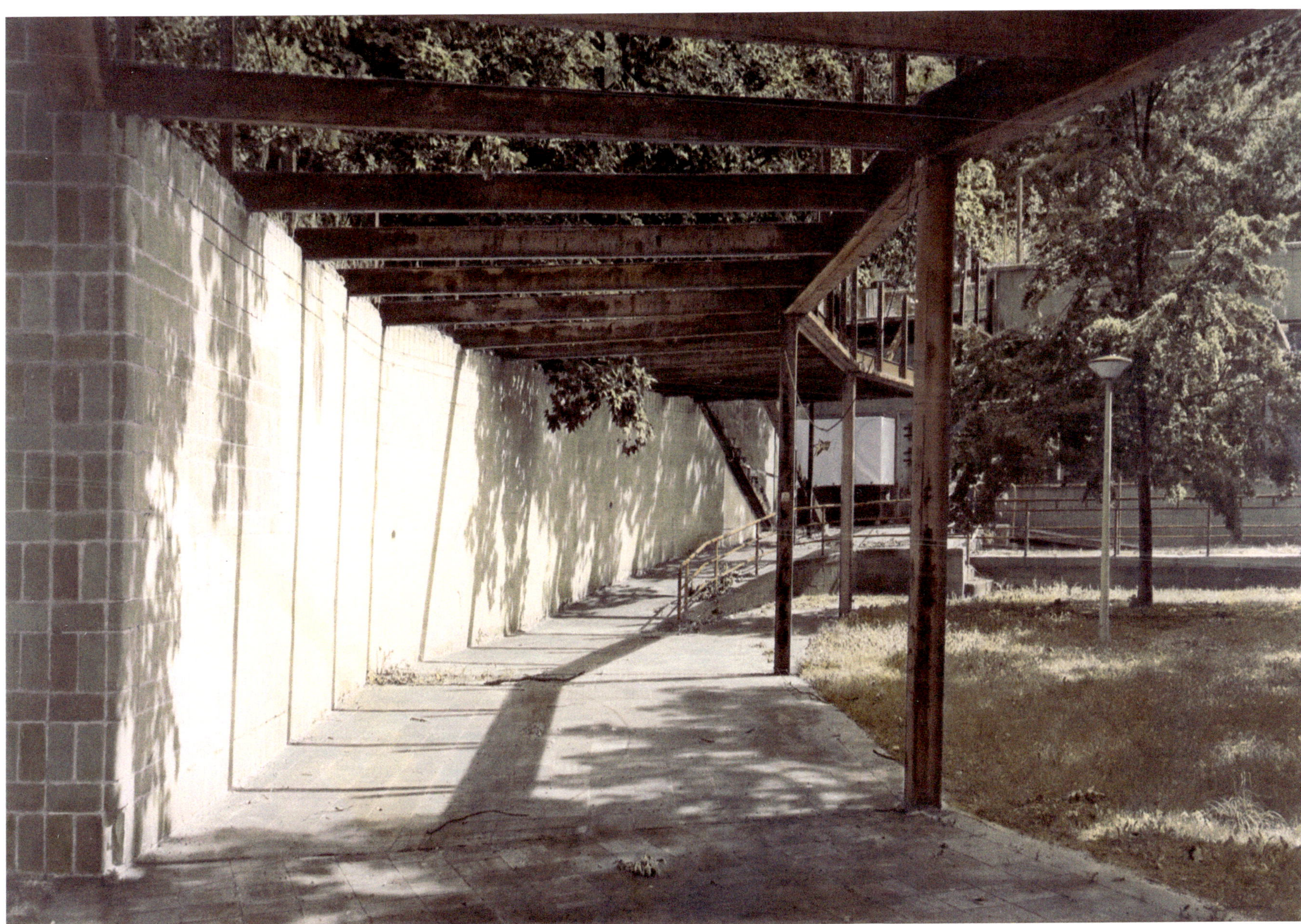

    Wannseebad III/Wannsee Public Baths III, 90 x 140 cm, 2007

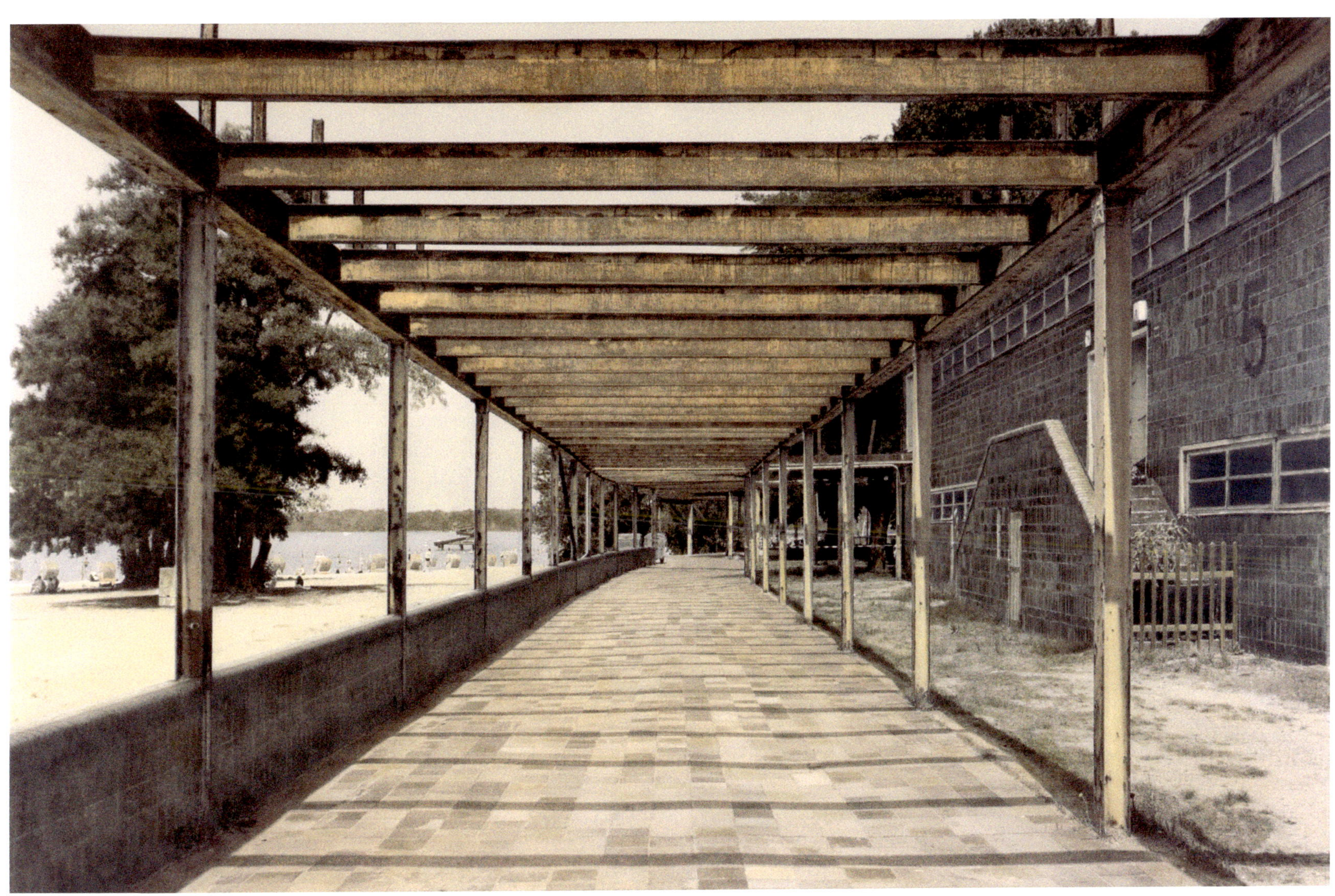

	Solitaire, 90 x 90 cm, 2006

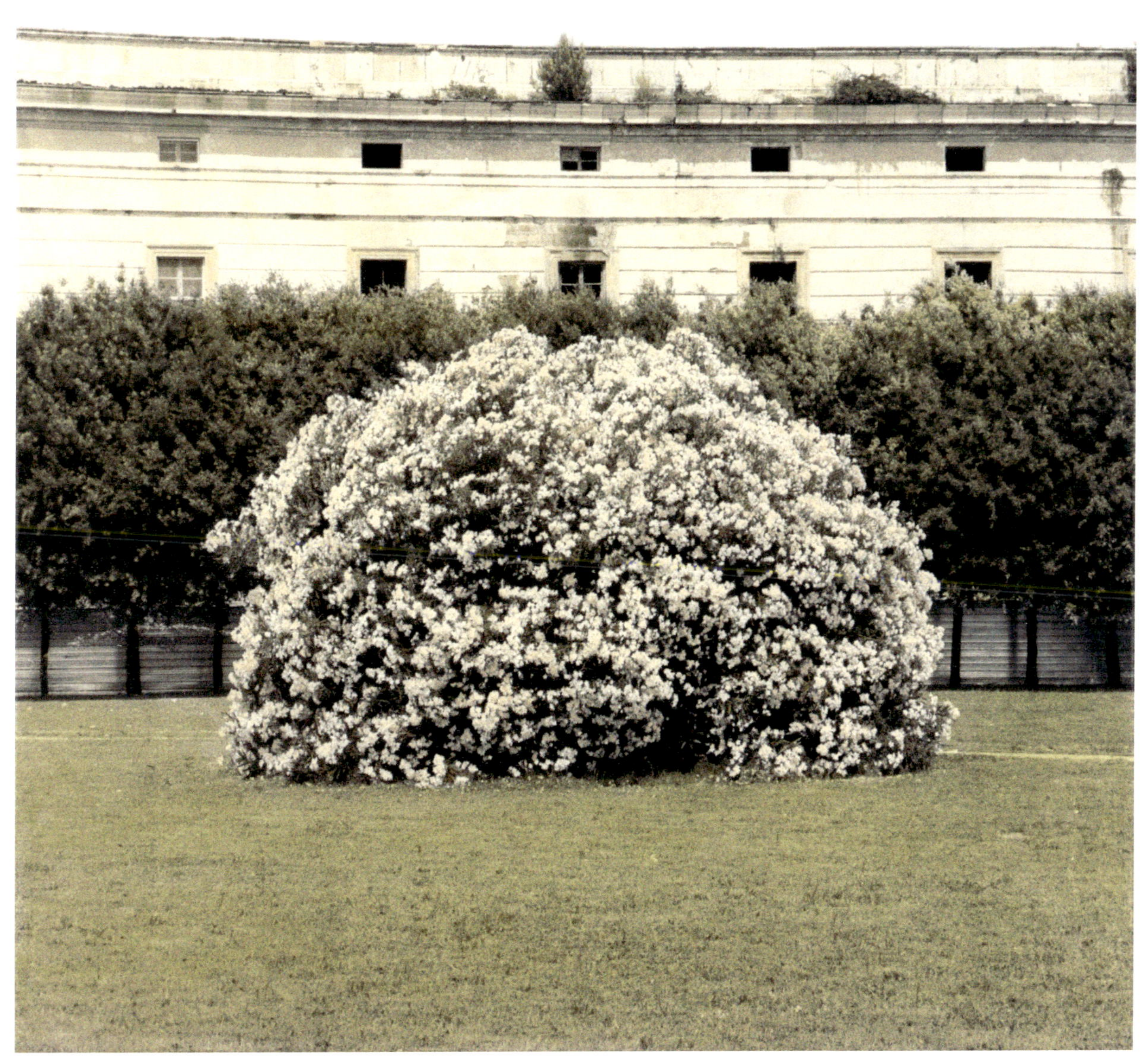

Bernd Lieven

Geboren/born 1961 in Mönchengladbach

Studium der Freien Kunst an der FH Köln/FH Art School Cologne

Meisterschüler von/Masterstudent of Prof. Karl Marx

Lebt und arbeitet/lives and works in Düsseldorf

Einzelausstellungen / Solo Exhibitions

2008 Rheinisches LandesMuseum, Bonn „Gärten und Räume"

2006 Kultursalon, Düsseldorf „Düsseldorfer Stadtansichten"

2005 Hypothekenbank / Bank im Bistum Essen

Kunstverein Oberhausen, St. Elisabeth Krankenhaus Oberhausen

2004 Akademie Franz Hitze Haus, Münster „Außenlicht – Innenlicht"

2003 Manufactum – Zeche Waltrop

Galerie Kunstbüro, Düsseldorf „Heiligenbilder"

2002 O'Gehry Gebäude – Baker & McKenzie, Düsseldorf „Naturzeit"

2001 Galerie Kunstbüro, Düsseldorf

Westfälisches Industriemuseum, Dortmund „Industrielandschaften"

1997 Kulturfabrik, Krefeld

Rheinisches Industriemuseum, Ratingen „Industriestillleben"

1995 Ärztekammer Nordrhein, Düsseldorf „Innere Landschaften"

Galerie Jasim, Düsseldorf

1990 Telekom, Bonn

Gruppenausstellungen (Auswahl) / Selected group exhibitions

2008 Saarlandmuseum, Saarbrücken „Photosynthesen" (mit Otto Steinert)

2007 Theatergalerie, Mönchengladbach „Parcour"

Galerie Lumas, New York „Horizonte"

2006 Art Fair, Köln, Kunst Zürich

Galerie Lumas, Berlin „Horizonte"

Altes Museum, Mönchengladbach „C/ontraste"

2005 Galerie Christine Hölz, Düsseldorf

2004 Historisches Museum Krasnojarsk, Perm, Omsk „Souvenirs imaginaire"

Altes Museum, „C/ontraste Fotoszene Mönchengladbach"

2002 Wissenschaftspark Rheinelbe, Gelsenkirchen „Gesichter der Industrie"

Stahlwerk Becker, Willich

2001 Stadtsparkasse Magdeburg, „Förderpreisausstellung der Kunststiftung"

2000 Kunstverein Radolfzell, „Photographie" (mit Bernd und Hilla Becher)

1998 Wissenschaftspark Rheinelbe, Gelsenkirchen „Photographie oder Malerei"

1995 Kreissparkasse Esslingen, „Kunstpreisausstellung: Photographie-Malerei"

1994 BIS-Zentrum, ehem. Museum Mönchengladbach

Naxos-Halle, Frankfurt a. M. „First Independent Art Fair"

1992 Galerie Kunstgarten, Köln „Internationale Photoszene – Photokina Köln"

1991 Josef-Haubrich-Kunsthalle, Köln „Kölnkunst 1991"

Katalog zur Ausstellung / Catalogue to exhibition

Bernd Lieven

Gärten und Räume / Gardens and Spaces

10. April - 1. Juni 2008 / April 10 - June 1, 2008

Rheinisches LandesMuseum Bonn des Landschaftsverbandes Rheinland

Colmantstraße 14 - 16

53115 Bonn

Herausgeber / Editor

Landschaftsverband Rheinland, Rheinisches LandesMuseum Bonn

Texte / Texts Lothar Altringer, Prof. Klaus Honnef, Stefan Skowron

Übersetzungen / Translation Dr. Lizzie Gilbert

Lektorat / Copy-editing Britta Benke

Gestaltung / Design Carla Meurer

Reprofotografie / Photography Ivo Faber

Auflage / Number of copies 1000

© Landschaftsverband Rheinland

Rheinisches LandesMuseum Bonn

VG BILD-KUNST, Bonn 2008 für Bernd Lieven

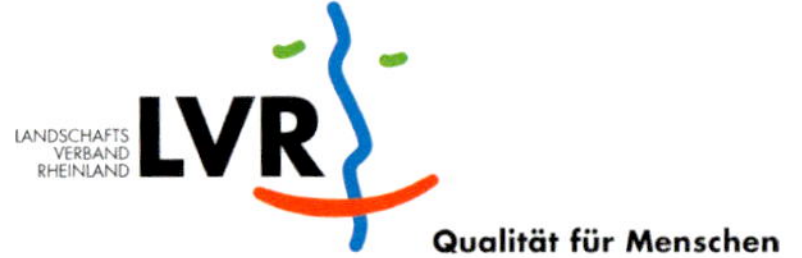

Besonderen Dank an / Acknowledgement

Dr. Gabriele Uelsberg, Lothar Altringer, Christof Kerber, Tanja Kemmer, Stefan Skowron, Prof. Klaus Honnef, Britta Benke, Carla Meurer, Lizzie Gilbert, Ivo Faber und Gabriele Honnef-Harling.

Naturzeit: Auszug der Eröffnungsrede von Prof. Klaus Honnef zur gleichnamigen Ausstellung 2002/03 bei Baker McKenzie, Düsseldorf / *Nature Time*: exerpts of the opening speech held by Prof. Klaus Honnef on the occasion of the exhibition of the same name in 2002/03 at Baker McKenzie, Düsseldorf

Druck und Verlag / Printed and published by

Kerber Verlag, Bielefeld / Leipzig

Windelsbleicher Straße 166

D - 33659 Bielefeld

Tel: +49 / (0) 521 / 95 00 8 - 10

Fax: +49 / (0) 521 / 95 00 8 - 88

E-mail: info@kerberverlag.com

www.kerberverlag.com

US distribution

d.a.p. Distributed Art Publishers, INC.

155 Sixth Avenue / 2nd Floor

New York 10013.1507, USA

Tel: +1 / 212 / 627- 19 99

Fax: +1 / 212 / 627- 94 84

ISBN 978-3-86678-148-1